中国油气与新能源市场发展报告
(2024)

中国石油规划总院 编

石油工业出版社

内 容 提 要

本书以"油气与新能源市场"为主题，着重突出展现了中国石油规划总院研究团队关于油气与新能源市场发展的原创观点，包括总述、原油市场、成品油市场、石油化工产品市场、天然气市场和新能源市场等领域内容。

本书可为行业、政府企业以及研究机构等了解行业状况、把握行业发展趋势提供参考。

图书在版编目（CIP）数据

中国油气与新能源市场发展报告.2024 / 中国石油规划总院编. —北京：石油工业出版社，2024.5
ISBN 978-7-5183-6625-5

Ⅰ.①中… Ⅱ.①中… Ⅲ.①石油工业－产业发展－研究报告－中国－2024②天然气工业－产业发展－研究报告－中国－2024③新能源－产业发展－研究报告－中国－2024 Ⅳ.①F426.2

中国国家版本馆CIP数据核字（2024）第069463号

出版发行：石油工业出版社
（北京安定门外安华里2区1号　100011）
网　　址：www.petropub.com
编辑部：（010）64523825　图书营销中心：（010）64523633
经　　销：全国新华书店
印　　刷：北京中石油彩色印刷有限责任公司

2024年5月第1版　2024年5月第1次印刷
889×1094毫米　开本：1/16　印张：15.75
字数：320千字

定价：500.00元
（如出现印装质量问题，我社图书营销中心负责调换）
版权所有，翻印必究

《中国油气与新能源市场发展报告（2024）》

编 委 会

主　　任：隋　昊

委　　员：杨　震　马　安　熊新强　韩志群　杜国敏　赵连增
　　　　　陈进殿　解红军

编 写 组

主　　编：杨　震　赵连增

副 主 编：马　安　熊新强

编审人员：（按姓氏笔画排序）

丁少恒　王玉生　王念榕　王晓荣　王雅菲　仇　玄
孔劲媛　田　瑛　付　川　付　勇　吕莉莉　朱景义
朱新宇　刘秀如　孙　杰　孙士昌　孙克乙　孙春良
李　广　李　军　李建新　沈　鑫　张　曦　张庆辰
陈　诚　陈　潇　陈进殿　陈慧敏　岳小文　周淑慧
周新媛　胡天一　郜　婕　徐　东　高永刚　郭永强
续元庆　程鹏鑫　游双矫　游晓艳　魏海国

前言 PREFACE

能源是经济社会发展的命脉。中国石油规划总院作为中国石油天然气集团有限公司（简称集团公司）能源产业规划和运行优化领域的主责单位，长期聚焦国家能源战略规划、集团公司中长期发展和重大战略专题、能源转型和新能源新业务等领域开展研究，为保障国家能源安全和集团公司高质量发展提供了有效的决策支持。中国石油规划总院秉承"开放合作、发展共赢"的理念，自2023年起着力打造油气与新能源市场报告，与国家有关部门、能源企业、研究机构交流研究经验，分享研究成果，为政策制定和相关研究提供参考，共同推动能源行业的高质量发展。

《中国油气与新能源市场发展报告（2024）》是中国石油规划总院连续第二年对外发布的研究报告，着重展现中国石油规划总院市场研究团队的原创观点。本报告由正文和附表组成，其中正文共六章，分别为总述、原油市场、成品油市场、石油化工产品市场、天然气市场和新能源市场。第一章站在世界、中国能源和国家政策三个视角分析中国油气与新能源市场；第二章至第六章重点围绕2023年市场发展特点、2023年市场重大事项、2023年重要政策解读、2024年市场发展研判与未来五年展望、专题分析五个方面展开。

本报告第一章由孙士昌、游双矫、程鹏鑫、朱新宇主笔，岳小文审核，赵连增审定；第二章由仇玄、张庆辰主笔，丁少恒审核，熊新强审定；第三章由孔劲媛主笔，丁少恒审核，熊新强审定；第四章由李军、陈慧敏、孙杰、王晓荣、胡天一、陈诚、李建新、孙克乙主笔，魏海国、李建新审核，马安审定；第五章由沈鑫、田瑛、邰婕、王雅菲、付川主笔，陈进殿、李广审核，周淑慧审定；第六章由朱新宇、刘秀如、程鹏鑫、付勇、续元庆、郭永强、李军、周新媛主笔，岳小文、朱景义、吕莉莉、王念榕、王玉生、魏海国、李建新、徐东审核，孙春良、赵连增审定。杨震、赵连增负责报告的全文审定。解红军、游晓艳、高永刚负责报告策划和编写的整体统筹及组织协调，张曦、陈潇负责报告汇总等工作。

受编者水平所限，本报告难免存在不足之处，恳请广大同行和读者批评指正。

目 录 CONTENTS

第一章 总述

第一节 世界视角下的中国能源 ············· 3
一、中国一次能源需求总量长期位居全球首位 ············· 3
二、化石能源仍是全球和中国一次能源需求中的主体能源 ············· 5
三、中国油气消费与全球平均水平存在差距 ············· 6
四、中国在全球新能源发展中占据领头羊地位 ············· 7

第二节 中国能源中的油气与新能源 ············· 8
一、一次能源需求增速出现回升 ············· 8
二、油气消费总量和占比进一步提高 ············· 10
三、油气对外依存度保持高位 ············· 10
四、新能源成为能源系统增量主体 ············· 11

第三节 中国油气与新能源政策 ············· 13
一、推进能源领域绿色低碳转型 ············· 13
二、开展能源领域系列项目试点示范及案例征集 ············· 15
三、推动油气与新能源融合发展 ············· 17
四、推进风光资源高质量规模化开发利用 ············· 18
五、建立健全绿电绿证交易机制 ············· 19

I

六、推进新能源汽车产业健康快速发展 ················· 21

第四节　专题分析 ················· 22
一、我国新型能源体系建设 ················· 22
二、油气与新能源融合发展 ················· 24

第二章　原油市场

第一节　2023年国际市场发展特点 ················· 29
一、2023年国际原油价格呈现N形走势 ················· 29
二、全球需求格局"东升西稳" ················· 30
三、石油需求出现结构分化 ················· 31
四、全球供给总体紧缩 ················· 31
五、全球原油库存先升后降 ················· 35
六、石油金融属性持续带来压力 ················· 36

第二节　2023年国内市场发展特点 ················· 37
一、国内原油产量稳步提升 ················· 38
二、进口来源更加集中 ················· 38
三、消费属性油品增幅更为突出 ················· 40
四、上海原油期货市场影响力增强 ················· 40

第三节　2023年市场重大事项 ················· 42
一、国际油气行业再现大收购 ················· 42
二、全球气候大会通过化石能源转型决议 ················· 42

第四节　2023年重要政策解读 ················· 43
一、《矿业权出让收益征收办法》出台 ················· 43

二、原油进口配额管理更加自主 ································ 44

第五节 2024年市场发展研判与未来五年展望 ················ 45

一、全球原油需求动能衰减 ·· 45

二、全球原油供应稳步提升 ·· 46

三、国际原油价格保持高位 ·· 47

四、国内供需格局基本稳定 ·· 48

第六节 专题分析——提升我国原油定价权的思考 ············ 49

第三章 成品油市场

第一节 2023年市场发展特点 ······································ 55

一、国内炼油能力和加工负荷均有所提高 ······················ 55

二、成品油消费量增长出现结构性变化 ·························· 57

三、电动力和天然气加速替代 ······································ 60

四、成品油出口量止跌回升 ·· 62

五、汽柴油出厂价同比下降 ·· 62

第二节 2023年市场重大事项 ······································ 64

一、两家千万吨级炼化一体化企业投产 ·························· 64

二、中国和沙特阿拉伯加大能源领域合作力度 ················ 65

第三节 2023年重要政策解读 ······································ 66

一、成品油市场持续整顿 ·· 66

二、炼油行业绿色创新高质量发展 ································ 67

第四节 2024年市场发展研判与未来五年展望 ················ 67

一、汽油消费增速回落至潜在水平 ································ 68

二、航煤消费规模将超过疫情前 ································· 69
三、柴油消费量重回下降通道 ····································· 70
四、国内成品油产过于求的矛盾进一步加剧 ················ 73

第五节　专题分析 ··· 74
一、新能源汽车在网约车领域快速渗透 ······················· 74
二、车用天然气对柴油的替代规模加速扩大 ················ 76

第四章　石油化工产品市场

第一节　乙烯产品链 ··· 81
一、2023年市场发展特点 ··· 81
二、2024年市场发展研判与未来五年展望 ··················· 87

第二节　丙烯产品链 ··· 88
一、2023年市场发展特点 ··· 88
二、2024年市场发展研判与未来五年展望 ··················· 92

第三节　丁二烯产品链 ·· 94
一、2023年市场发展特点 ··· 94
二、2024年市场发展研判与未来五年展望 ··················· 98

第四节　芳烃产品链 ··· 100
一、2023年市场发展特点 ··· 100
二、2024年市场发展研判与未来五年展望 ··················· 104

第五节　重点化工新材料 ··· 105
一、2023年市场发展特点 ··· 105
二、2024年市场发展研判与未来五年展望 ··················· 109

第六节　2023 年市场重大事项

一、"保交楼"带动家电及原材料消费改善 ·· 114

二、"促销费 20 条"带动轮胎及原材料需求增长 ······························· 114

三、"新三样"成为出口新增长极 ·· 115

第七节　2023 年重要政策解读 ·· 116

一、推动现代煤化工产业健康发展 ·· 116

二、发布 2023 年工业重点领域能效标杆水平和基准水平 ···················· 117

三、推动石化化工行业稳增长 ·· 118

四、促进化工产品市场消费 ··· 119

第八节　专题分析 ··· 120

一、炼油与化工结构性调整 ··· 120

二、绿色甲醇产业发展 ·· 123

第五章　天然气市场

第一节　2023 年市场发展特点 ·· 129

一、资源供应总量增长明显，海外资源占比微增 ······························· 129

二、消费总量重回增长轨道，发展动力出现分化 ······························· 132

三、天然气价格竞争力提高，用户使用天然气意愿增强 ····················· 136

四、天然气交易中心建设稳步推进，交易规模持续扩大 ····················· 139

第二节　2023 年市场重大事项 ·· 140

一、天然气管道建设稳步推进 ·· 140

二、沿海 LNG 接收站多点开花 ·· 142

三、地下储气库加快完善布局 ·· 145

第三节　2023年重要政策解读 ··················· 147
一、加快油气勘探开发与新能源融合发展 ············· 147
二、天然气市场价格加快上下游联动 ··············· 148
三、天然气市场体系深化改革 ················· 148
四、油气等矿产资源管理办法进一步完善 ············· 148
五、天然气利用政策优化调整 ················· 149
六、跨省天然气管道运输价格首次分区域核定 ··········· 150

第四节　2024年市场发展研判与未来五年展望 ············ 150
一、天然气资源供应能力持续增强 ················ 150
二、三大利用领域引领市场快速发展 ··············· 154
三、基础设施继续保持稳定投产节奏 ··············· 157

第五节　专题分析 ······················· 158
一、天然气在新型能源体系中的地位与作用 ············ 158
二、国际LNG现货市场特征与变化趋势 ·············· 160

第六章　新能源市场

第一节　光伏发电 ······················· 165
一、2023年市场发展特点 ··················· 165
二、2023年市场重大事项 ··················· 167
三、2023年重要政策解读 ··················· 172
四、2024年市场发展研判与未来五年展望 ············· 175

第二节　风力发电 ······················· 178
一、2023年市场发展特点 ··················· 178

二、2023 年市场重大事项 ······180
三、2023 年重要政策解读 ······181
四、2024 年市场发展研判与未来五年展望 ······183

第三节　新型储能 ······185
一、2023 年市场发展特点 ······185
二、2023 年市场重大事项 ······187
三、2023 年重要政策解读 ······188
四、2024 年市场发展研判与未来五年展望 ······189

第四节　氢能 ······190
一、2023 年市场发展特点 ······190
二、2023 年市场重大事项 ······195
三、2023 年重要政策解读 ······200
四、2024 年市场发展研判与未来五年展望 ······203

第五节　生物液体燃料 ······206
一、2023 年市场发展特点 ······206
二、2023 年市场重大事项 ······210
三、2023 年重要政策解读 ······211
四、2024 年市场发展研判与未来五年展望 ······212

第六节　专题分析 ······213
一、新能源大基地发展 ······213
二、国际碳资产与碳交易 ······216
三、中国碳资产与碳交易 ······219

附表

附表1　世界一次能源消费 ………………………………………… 225

附表2　中国一次能源消费 ………………………………………… 225

附表3　国际原油市场 ……………………………………………… 226

附表4　中国原油市场 ……………………………………………… 226

附表5　中国成品油市场 …………………………………………… 227

附表6　中国乙烯产品市场 ………………………………………… 228

附表7　中国丙烯产品市场 ………………………………………… 229

附表8　中国丁二烯产品市场 ……………………………………… 231

附表9　中国芳烃产品市场 ………………………………………… 232

附表10　中国化工新材料产品市场 ………………………………… 233

附表11　中国天然气市场 …………………………………………… 234

附表12　中国新能源市场 …………………………………………… 235

第一章

总述

观点摘要

> 能源发展

- **中国依然是全球能源消费增长的主要引擎。** 2022 年,中国一次能源消费同比增长 2.9%,高于全球增速;消费量约 37.9 亿吨油当量,全球占比达到 26.2%,远超排名第二的美国(15.9%)。

- **中国油气消费与全球平均水平存在差距。** 2022 年,中国一次能源需求结构中油气占比 26.3%,尚未达到全球水平的一半,石油消费占比低于全球 13.7 个百分点,天然气低 15.1 个百分点。

- **中国在全球新能源发展中牢牢占据领头羊地位。** 2022 年,中国太阳能和风能新增装机规模占全球的 46.2%,太阳能和风能累计装机规模占全球的 38.8%。

- **中国能源消费弹性系数再度超过 1。** 2023 年,我国经济和能源实现双增长,GDP 同比增长 5.2%,一次能源需求增速回升较大,同比增长 5.7%,经济增长对能源消耗的依赖程度升高。

> 政策导向

- **碳排放双控及乘用车电动化进程加速。** 能源绿色低碳转型工作扎实推进。能源体制机制持续完善,围绕节能降碳、油气与新能源融合发展、新能源高质量发展、绿电绿证、新能源汽车等相关专项政策相继出台。

- **油气与新能源融合发展创新模式涌现。** 中国石油、中国石化、中国海油等国内油气企业,围绕油气与新能源融合发展路径,形成了"地热+""风电+""光伏+""氢能+"等特色模式。

第一节　世界视角下的中国能源

大国博弈急速冲高，地缘政治格局复杂多变，乌克兰危机未解且影响外溢，世界能源转型出现波折，能源发展进入转型与安全并重新阶段。全球和中国一次能源需求持续增长，化石能源仍是一次能源需求中的主体能源。中国在全球能源发展中的地位将更加举足轻重，一次能源需求总量继续位居全球首位，在全球新能源发展中长期占据领头羊地位。

一、中国一次能源需求总量长期位居全球首位

2022年，全球一次能源需求量约144.3亿吨油当量，同比增长1.1%。其中，煤炭约38.6亿吨油当量，同比增长0.6%；石油约45.5亿吨油当量，同比增长3.2%；天然气约33.9亿吨油当量，同比下降3.1%；非化石能源约26.3亿吨油当量，同比增长4.0%（图1-1-1）。

图1-1-1　2018—2022年全球一次能源需求量及增速变化

数据来源：bp

2022年，中国一次能源需求量约37.9亿吨油当量，同比增长2.9%。其中，煤炭约21.3亿吨油当量，同比增长3.4%；石油约6.8亿吨油当量，

同比下降 1.0%；天然气约 3.2 亿吨油当量，同比下降 1.8%；非化石能源约 6.6 亿吨油当量，同比增长 7.8%（图 1-1-2）。

图 1-1-2　2018—2022 年中国一次能源需求量及增速变化

数据来源：国家统计局、国家能源局

中国是全球最大的能源消费国，一次能源需求量占全球的比例达到 26.2%，远超排名第二的美国（15.9%），印度、俄罗斯、日本分别排名第三、第四、第五（图 1-1-3）。

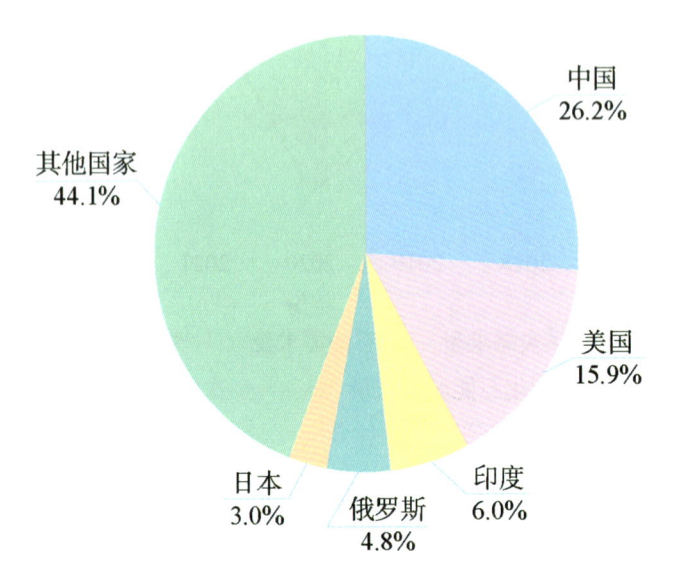

图 1-1-3　2022 年主要国家一次能源需求量占全球比例

数据来源：bp、国家统计局

二、化石能源仍是全球和中国一次能源需求中的主体能源

2022年,全球一次能源需求结构中煤炭占比26.7%,石油占比31.6%,天然气占比23.5%,化石能源合计占比81.8%,非化石能源占比18.2%(图1-1-4)。

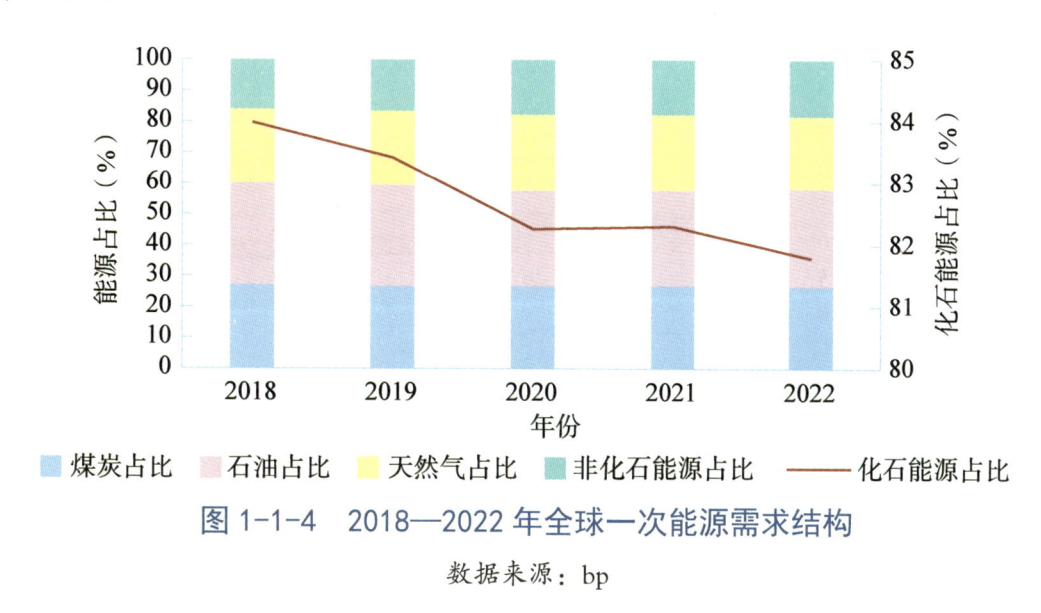

图 1-1-4　2018—2022 年全球一次能源需求结构

数据来源：bp

2022年,中国一次能源需求结构中煤炭占比56.2%,石油占比17.9%,天然气占比8.4%,化石能源合计占比82.5%,非化石能源占比17.5%(图1-1-5)。短期内化石能源在全球和中国主体能源的地位不会发生变化。

图 1-1-5　2018—2022 年中国一次能源需求结构

数据来源：国家统计局

三、中国油气消费与全球平均水平存在差距

2022 年，全球一次能源需求结构中油气消费占比达到 55.1%，中国只有 26.3%，消费占比尚未达到全球水平的一半。全球一次能源需求结构中石油消费占比高于中国 13.7 个百分点，天然气消费占比高于中国 15.1 个百分点（图 1-1-6）。

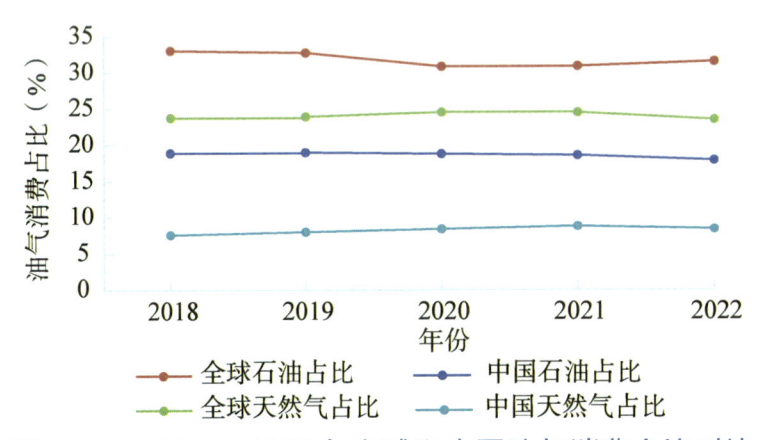

图 1-1-6 2018—2022 年全球和中国油气消费占比对比

数据来源：bp、国家统计局

2022 年，全球石油人均消费量约 0.57 吨油当量，中国约 0.48 吨油当量，为全球人均水平的 84%。全球天然气人均消费量约 492 立方米，中国约 258 立方米，只有全球水平的 52%（图 1-1-7）。与美国、日本、法国等发达国家对比，中国人均油气消费水平具有较大差距（表 1-1-1）。

表 1-1-1 2022 年主要国家人均油气消费量对比

国家	人均石油消费量（吨油当量/人）	人均天然气消费量（米^3/人）
中国	0.48	258
美国	2.58	2630
日本	1.27	805
法国	1.05	582
印度	0.17	41

数据来源：bp、国家统计局。

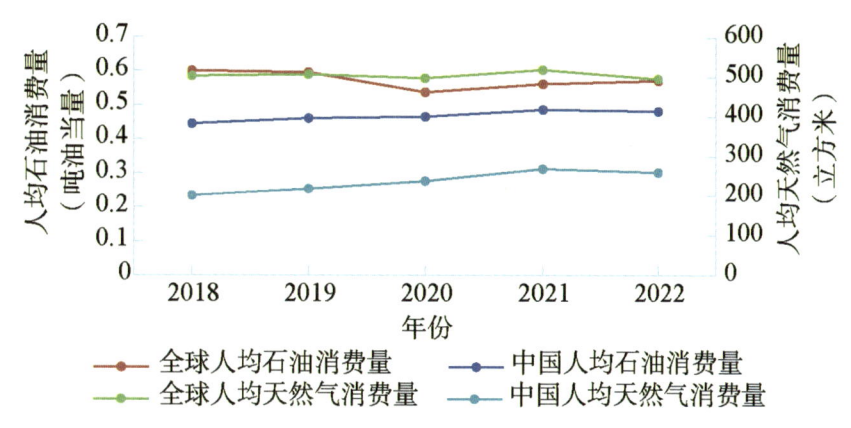

图 1-1-7　2018—2022 年全球和中国人均油气消费量对比

数据来源：bp、国家统计局

四、中国在全球新能源发展中占据领头羊地位

2022 年，全球太阳能和风能装机量继续快速增长，新增装机规模创下 266 吉瓦历史新高，其中太阳能 192 吉瓦、风能 74 吉瓦。中国占据全球太阳能和风能装机增量的最大部分：太阳能 86 吉瓦，占全球的 44.8%；风能 37 吉瓦，占全球的 50%。全球太阳能和风能累计装机规模分别达到 1053 吉瓦和 899 吉瓦，中国太阳能占比 37.3%，风能占比 40.7%（图 1-1-8），牢牢占据全球太阳能和风能发展领头羊位置。

图 1-1-8　2018—2022 年全球和中国太阳能和风能累计装机容量对比

数据来源：bp、中国电力企业联合会

2022 年，全球太阳能和风能发电量保持快速增长，太阳能同比增长 27.9%，风能同比增长 14.5%。中国太阳能和风能发电量增速均超过全球，分别为 30.8% 和 16.3%。中国太阳能和风能发电量占全球的比例达到 34.7%（图 1-1-9）。

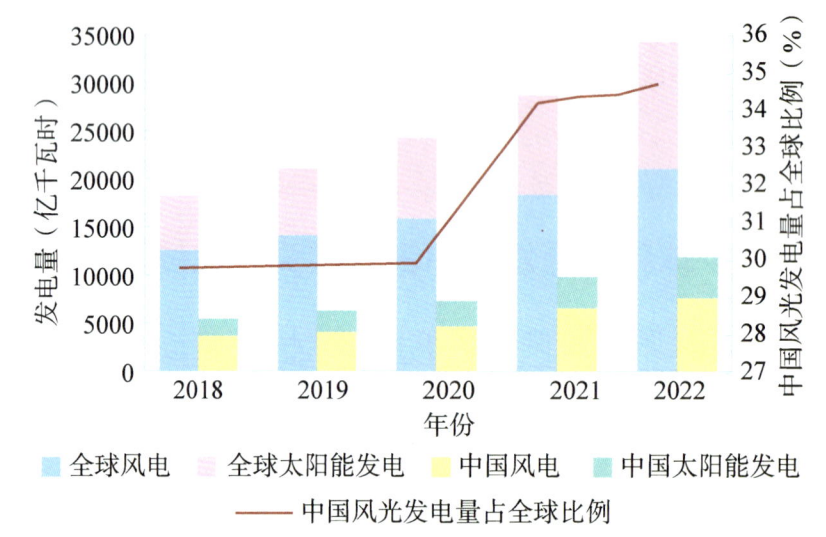

图 1-1-9　2018—2022 年全球和中国太阳能和风能累计发电量对比

数据来源：bp、中国电力企业联合会

第二节　中国能源中的油气与新能源

随着我国持续深入推进生态文明建设和绿色低碳发展，我国电动革命、市场革命、数字革命、绿色革命加速演进。2023 年，我国一次能源需求持续增长，增速出现反弹，油气在我国能源体系中依然占据重要角色，油气消费总量和占比均进一步提高，风电、光伏等新能源发展进程远超预期，新能源已成为能源系统增量主体，助力我国加快建设新型能源体系。

一、一次能源需求增速出现回升

2023 年，我国一次能源消费总量实现刚性增长，估计达到 57.2 亿吨标准煤，同比增长 5.7%（图 1-2-1），增速回升较大，能源消费弹性系数再度超过 1，经济增长对能源消耗的依赖程度升高。

图 1-2-1 2018—2023 年我国一次能源需求量及增速变化

数据来源：国家统计局、国家能源局

从能源消费强度看，2022 年单位 GDP 能耗同比下降 1.9%，2023 年能源消费强度出现回升，估计单位 GDP 能耗约为 0.454 吨标准煤/万元，同比增长 1.0%（图 1-2-2）。

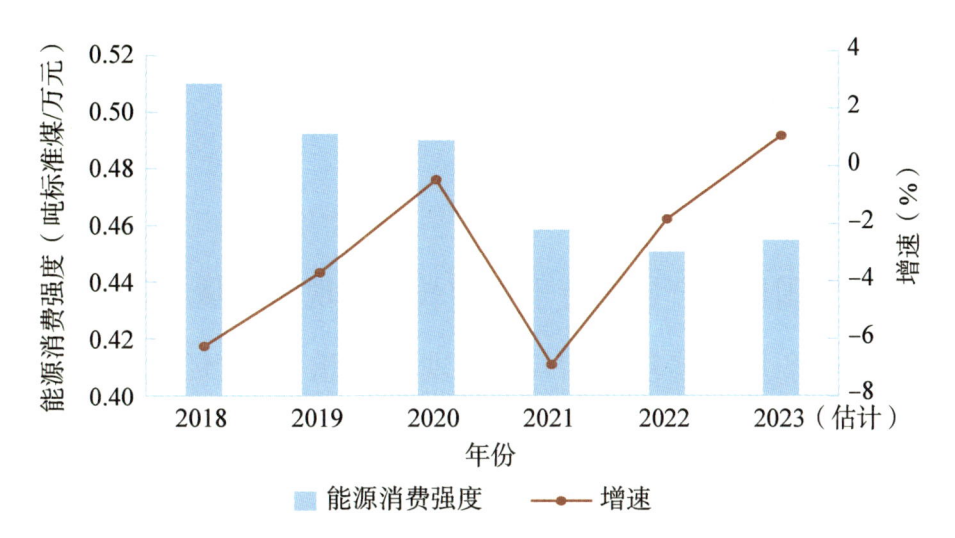

图 1-2-2 2018—2023 年我国一次能源消费强度及增速变化

数据来源：国家统计局、国家能源局

二、油气消费总量和占比进一步提高

2023 年，我国石油、天然气消费量估计分别达到 7.3 亿吨油当量、3945 亿立方米，同比分别增长 9.1%、7.2%，在我国一次能源需求结构中占比分别为 18.3%、8.7%，同比分别提高 0.4 个百分点、0.3 个百分点，在我国一次能源需求结构中油气合计消费占比约 27.0%，继续扮演重要角色（图 1-2-3）。

图 1-2-3　2018—2023 年我国油气消费量及合计占比变化

数据来源：国家统计局、国家能源局

三、油气对外依存度保持高位

2023 年，我国原油产量保持平稳增长，实现年产量 2.09 亿吨，同比增长 2.1%；天然气产量持续较快增长，实现年产量 2324 亿立方米，同比增长 5.6%。原油、天然气对外依存度分别为 71.4%（图 1-2-4）、41.1%（图 1-2-5），持续保持高位。

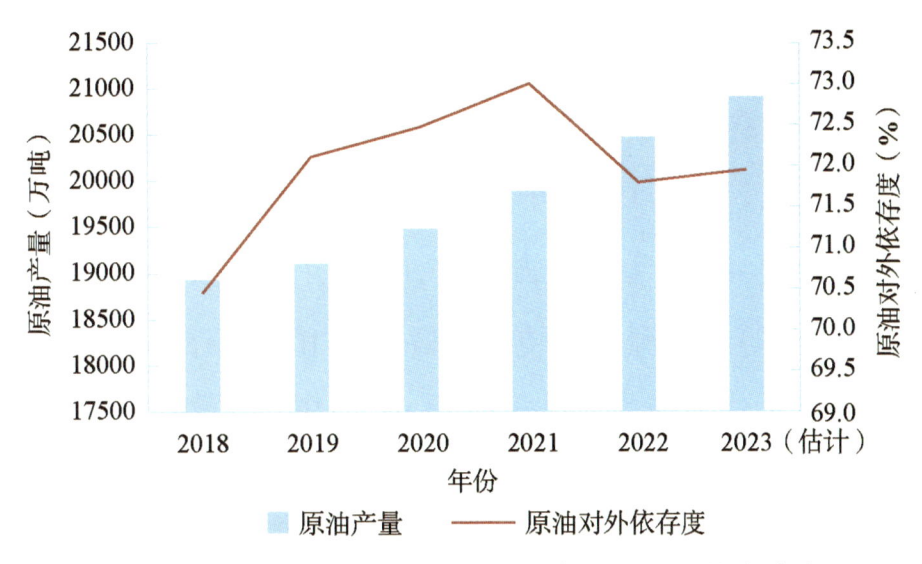

图 1-2-4　2018—2023 年我国原油产量及对外依存度变化

数据来源：国家统计局、国家能源局

图 1-2-5　2018—2023 年我国天然气产量及对外依存度变化

数据来源：国家统计局、国家能源局

四、新能源成为能源系统增量主体

风光等新能源已成为我国电力新增装机主体，带动我国可再生能源装机占比超过 **50%**。2023 年，全国新增发电设备容量 3.6 亿千瓦，其中风光约 2.9 亿千瓦，同比增长 138%，占比达到 82.3%（图 1-2-6）。截至 2023

年底，全国发电装机容量 29.2 亿千瓦，同比增长 13.9%。其中，水电 4.2 亿千瓦（其中抽水蓄能 5094 万千瓦），占比 14.4%；火电 13.9 亿千瓦（其中煤电 11.6 亿千瓦、气电 1.3 亿千瓦），占比 47.6%；核电 5691 万千瓦，占比 1.9%；并网风电 4.4 亿千瓦，占比 15.1%；并网太阳能发电 6.1 亿千瓦，占比 20.9%。风光等新能源累计装机容量突破 10 亿千瓦，可再生能源累计装机容量达到 15.2 亿千瓦，占比达到 51.9%，历史性超过火电装机。

图 1-2-6 2018—2023 年我国电力新增装机变化

数据来源：国家能源局、中国电力企业联合会

风光等新能源发电量接近 1.5 万亿千瓦时，在我国电力需求结构中占比正在以不低于每年 1 个百分点的速度快速增长。 2023 年，全国发电量 92888 亿千瓦时，同比增长 6.7%。其中，水电 12836 亿千瓦时，同比下降 5.0%；火电 61019 亿千瓦时，同比增长 6.2%；核电 4341 亿千瓦时，同比增长 3.9%；风电 8858 亿千瓦时，同比增长 16.2%；太阳能 5833 亿千瓦时，同比增长 36.4%。可再生能源发电量已突破 3 万亿千瓦时，超过全社会用电量的 1/3，其中风光等新能源发电量 1.47 亿千瓦时，占比达到 15.8%，同比 2022 年提

高 2.2 个百分点（图 1-2-7）。

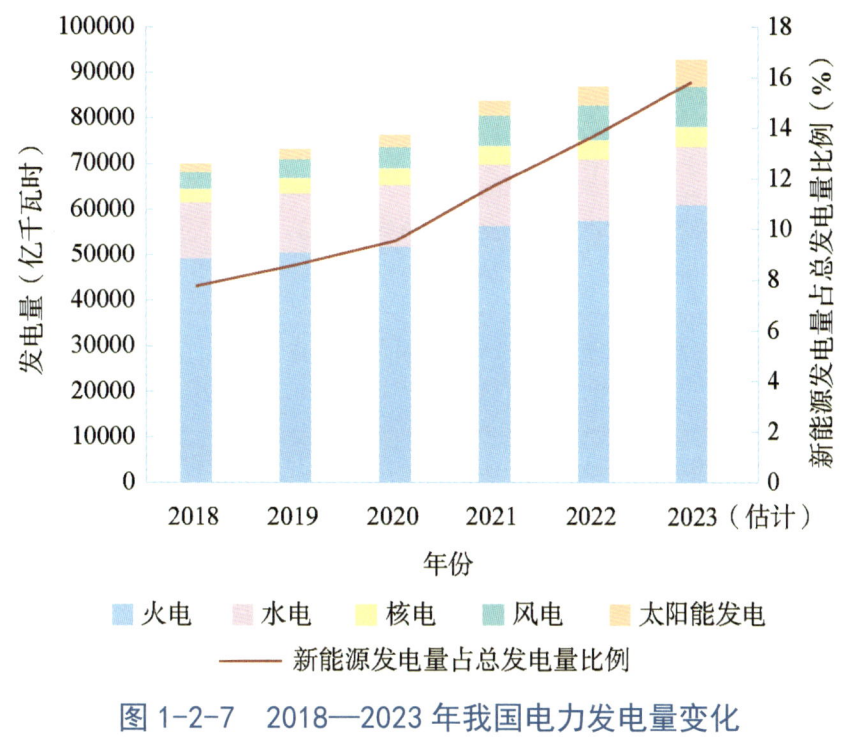

图 1-2-7　2018—2023 年我国电力发电量变化

数据来源：国家能源局、中国电力企业联合会

第三节　中国油气与新能源政策

一、推进能源领域绿色低碳转型

持续加强节能减排工作。 2023 年国家先后出台 10 项推进节能审查监察、补助资金管理、标准更新等相关政策（表 1-3-1），完善节能减排补助资金管理暂行办法，提出设备淘汰关停和改造升级范围、效率提升等系列量化指标，进一步扩大工业重点领域节能降碳改造升级范围，对炼油、乙烯等行业企业开展行业强制性能耗限额标准、能效标杆水平和基准水平，以及电动机等产品设备强制性能效标准执行情况专项监察，开展公益性节能诊断服务。

表 1-3-1 2023 年我国推进节能相关政策

序号	政策名称	发文文号	发布单位	发布时间
1	《关于统筹节能降碳和回收利用加快重点领域产品设备更新改造的指导意见》	发改环资〔2023〕178 号	国家发展改革委等部门	2023 年 2 月
2	《关于进一步加强节能标准更新升级和应用实施的通知》	发改环资规〔2023〕269 号	国家发展改革委、市场监管总局	2023 年 3 月
3	《固定资产投资项目节能审查办法》	国家发展改革委令第 2 号	国家发展改革委	2023 年 3 月
4	《关于组织开展 2023 年度工业节能监察工作的通知》	工信厅节函〔2023〕86 号	工业和信息化部办公厅	2023 年 4 月
5	《关于修改〈节能减排补助资金管理暂行办法〉的通知》	财建〔2023〕58 号	财政部	2023 年 4 月
6	《关于发布〈工业重点领域能效标杆水平和基准水平（2023 年版）〉的通知》	发改产业〔2023〕723 号	国家发展改革委、工业和信息化部、生态环境部、市场监管总局、国家能源局	2023 年 6 月
7	《关于组织开展 2023 年度工业节能诊断服务工作的通知》	工信厅节函〔2023〕186 号	工业和信息化部办公厅	2023 年 7 月
8	《关于印发石化化工行业鼓励推广应用的技术和产品目录（第二批）的通知》	工信厅原函〔2023〕216 号	工业和信息化部办公厅	2023 年 8 月
9	《关于组织开展 2023 年度国家工业和信息化领域节能降碳技术装备推荐工作的通知》	工信厅节函〔2023〕259 号	工业和信息化部办公厅	2023 年 9 月
10	《关于印发 2023 年度国家工业节能诊断服务任务的通知》	工信厅节函〔2023〕287 号	工业和信息化部办公厅	2023 年 10 月

鼓励低碳项目投资。《关于做好 2023 年中央企业投资管理 进一步扩大有效投资有关事项的通知》等多项政策强调推动中央企业、民营企业在

实现碳达峰碳中和目标、培育壮大战略性新兴产业、强化能源资源安全保障等方面加大投资力度，着力壮大清洁能源产业，加快推动发展方式绿色转型，加快建设新型能源体系。

着力构建新型电力系统。 2023 年 6 月，国家能源局发布《新型电力系统发展蓝皮书》，提出新型电力系统具有安全高效、清洁低碳、柔性灵活、智慧融合四大特征，要加强电力供应支撑体系、新能源开发利用体系等体系建设，为电力行业转型发展指明了战略方向。

支持开展化石能源+CCUS（碳捕集利用与封存）。《2023 年能源工作指导意见》等政策提出力争在利用 CCUS 促进原油绿色低碳开发等方面取得新突破，推动现代煤化工、炼油化工、燃煤发电机组等与 CCUS 技术耦合创新发展。

二、开展能源领域系列项目试点示范及案例征集

2023 年，国家发展改革委等国家部委先后发布 8 项项目试点示范（表 1-3-2），以及 6 项能源领域典型案例征集/汇编通知，形成"试点方案、要求通知、试点优选、典型征集、案例汇编"闭环管理，推动技术创新、商业模式创新，形成可复制可借鉴的模式和经验。围绕碳达峰试点、可再生能源发展、绿色低碳先进技术示范、智能光伏、新型储能、车辆电动化优选项目开展示范，重点围绕城市和园区等用能场景探索实现碳达峰的创新路径，确定了包括 25 个城市和 10 个园区的首批碳达峰试点名单。围绕能源绿色低碳转型、工业绿色微电网、能源领域 5G（第 5 代移动通信技术）应用、可再生能源供暖（制冷）、工业领域电力需求侧管理等领域开展全国典型案例征集，充分发挥示范引领作用。

表 1-3-2 2023 年我国能源领域项目试点示范相关政策

序号	政策名称	发布单位	发布时间	主要内容
1	《关于组织开展公共领域车辆全面电动化先行区试点工作的通知》	工业和信息化部等八部门	2023 年 2 月	将在 36 个区域进行推广，试点城市新能源汽车推广数量参考目标合计为 204 万辆
2	《关于推荐第二批清洁生产审核创新试点项目的通知》	生态环境部办公厅、国家发展改革委办公厅	2023 年 3 月	选取园区、产业集群和重点区域、流域开展清洁生产审核创新试点，扩展补充第一批清洁生产审核创新试点覆盖范围
3	《关于开展新型储能试点示范工作的通知》	国家能源局综合司	2023 年 6 月	组织遴选一批典型应用场景下，在安全性、经济性等方面具有竞争潜力的各类新型储能技术示范项目
4	《绿色低碳先进技术示范工程实施方案》	国家发展改革委等十部门	2023 年 8 月	将绿色低碳先进技术按照源头减碳、过程降碳、末端固碳分为三大类，布局一批技术水平领先、减排效果突出、减污降碳协同、示范效应明显的项目
5	《关于组织开展可再生能源发展试点示范的通知》	国家能源局	2023 年 9 月	示范工程内容包括技术创新类（深远海风电技术示范、地热能发电技术示范、中深层地热供暖技术示范等）、开发建设类（光伏治沙示范、深远海海上风电平价示范、地热能发展高质量示范区等）、高比例应用类[发供用高比例新能源示范、绿色能源示范园（区）等]
6	《国家碳达峰试点建设方案》	国家发展改革委	2023 年 10 月	在全国范围内选择 100 个具有典型代表性的城市和园区开展碳达峰试点建设，首批碳达峰试点建设在河北、山东等 15 个省区开展（共 35 个名额）
7	《关于开展第四批智能光伏试点示范活动的通知》	工业和信息化部办公厅等五部门	2023 年 11 月	支持建设一批智能光伏示范项目，优先考虑光储融合、建筑光伏、交通运输应用等 8 个方向
8	《关于印发首批碳达峰试点名单的通知》	国家发展改革委办公厅	2023 年 11 月	确定鄂尔多斯市、包头市、大连市、克拉玛依市等 25 个城市，以及内蒙古赤峰高新技术产业开发区、新疆库车经济技术开发区等 10 个园区为首批碳达峰试点城市和园区

三、推动油气与新能源融合发展

2023年,国家能源局、国家发展改革委等发布《加快油气勘探开发与新能源融合发展行动方案（2023—2025年）》等6项政策提及支持油气与新能源融合发展（表1-3-3），给予油气与新能源融合项目优先纳规、电网积极支持、整体手续办理等政策支持。国家能源局时隔6年再次更新《天然气利用政策（征求意见稿）》，强调资源安全的重要性，进一步鼓励天然气发电，限制天然气制氢项目。同时推动综合能源服务等新模式新业态发展，推进智能油气田、智能炼厂、综合能源服务等应用场景数字化智能化示范，鼓励利用现有场地和设施建设集充换电、加油等多位一体的综合能源服务站。相关政策为促进油气增产扩绿、推动油气行业绿色低碳转型发展提供了有力政策支撑。

表1-3-3　2023年我国支持油气与新能源融合发展相关政策

序号	政策名称	发布单位	发布时间	主要内容
1	《加快油气勘探开发与新能源融合发展行动方案（2023—2025年）》	国家能源局	2023年3月	统筹推进陆上油气勘探开发与风光发电、统筹推进海上油气勘探开发与海上风电建设、加快提升油气上游新能源储存消纳能力、积极推进绿色油气田示范建设4个方面重点工作，以及项目优先纳规、电网积极支持、整体手续办理等相关保障措施
2	《关于加快推进能源数字化智能化发展的若干意见》	国家能源局	2023年3月	以数字化智能化技术助力油气绿色低碳开发利用，推动油气与新能源协同开发
3	《2023年能源工作指导意见》	国家能源局	2023年4月	加快油气勘探开发与新能源融合发展
4	《天然气利用政策（征求意见稿）》	国家能源局综合司	2023年9月	对于天然气发电，将气源落实且具有经济可持续性的天然气调峰电站项目、天然气热电联产项目、带补燃的太阳能热发电项目列为优先类

续表

序号	政策名称	发布单位	发布时间	主要内容
5	《关于加强新形势下电力系统稳定工作的指导意见》	国家发展改革委、国家能源局	2023年9月	在落实气源的前提下适度布局调峰气电；协同推进大型新能源基地，调节支撑资源和外送通道开发建设
6	《产业结构调整指导目录（2024年本）》	国家发展改革委	2023年12月	鼓励类新增支持"油气与新能源融合发展项目及技术开发与应用"

四、推进风光资源高质量规模化开发利用

2023年，我国先后出台8项政策支持风光发电等新能源领域规范发展（表1-3-4），包括进一步规范可再生能源发电项目电力业务许可管理、加强电力市场管理委员会规范运作、推动光热发电规模化发展、开展跨省跨区电力交易与市场秩序专项监管等，并出台我国首份系统部署退役风电、光伏设备循环利用工作的政策文件。持续开展全国可再生能源电力发展监测评价，通报显示2022年全国及重点省份清洁能源消纳利用情况良好，风电、光伏发电平均利用率分别为96.8%、98.3%。聚焦风电、光伏发电和抽水蓄能开发项目，整治对项目强制要求配套产业和投资落地等问题。

表1-3-4 2023年我国支持新能源领域规范发展相关政策

序号	政策名称	发布单位	发布时间	主要内容
1	《关于支持光伏发电产业发展规范用地管理有关工作的通知》	自然资源部办公厅、国家林业和草原局办公室、国家能源局综合司	2023年3月	鼓励利用未利用地和存量建设用地发展光伏发电产业
2	《关于推动光热发电规模化发展有关事项的通知》	国家能源局综合司	2023年3月	力争"十四五"期间全国光热发电每年新增开工规模达到300万千瓦左右；结合沙漠、戈壁、荒漠地区新能源基地建设，尽快落地一批光热发电项目

续表

序号	政策名称	发布单位	发布时间	主要内容
3	《发电机组进入及退出商业运营办法》	国家能源局	2023年6月	进一步取消备案程序，对机组调试期电费结算标准按规定进行了上浮，对机组调试期参与辅助服务责任进行了重新明确，进一步扩大了办法的适用范围
4	《关于进一步加强电力市场管理委员会规范运作的指导意见》	国家能源局	2023年8月	提出全国范围内将组建电力市场管理委员会，明确了电力市场管理委员会工作职责、组织架构、议事规则等细则
5	《关于促进退役风电、光伏设备循环利用的指导意见》	国家发展改革委、国家能源局等六部门	2023年8月	到2025年集中式风电场、光伏发电站退役设备处理责任机制基本建立，到2030年风电、光伏设备全流程循环利用技术体系基本成熟，形成一批退役风电、光伏设备循环利用产业集聚区
6	《开展新能源及抽水蓄能开发领域不当市场干预行为专项整治工作方案》	国家能源局综合司	2023年9月	将聚焦2023年1月1日以来各地方组织实施的风电、光伏和抽水蓄能开发项目，重点整治通过文件等形式对新能源发电和抽水蓄能项目强制要求配套产业和投资落地等问题
7	《关于进一步规范可再生能源发电项目电力业务许可管理的通知》	国家能源局	2023年10月	豁免分散式风电项目电力业务许可、明确可再生能源发电项目相关管理人员兼任范围、规范可再生能源发电项目许可登记、调整可再生能源发电项目（机组）许可延续政策等
8	《关于开展跨省跨区电力交易与市场秩序专项监管工作的通知》	国家能源局综合司	2023年10月	对交易组织、合同签订和执行以及电费结算等5类电力市场交易情况进行监管

五、建立健全绿电绿证交易机制

国家发展改革委等国家部委印发《关于做好可再生能源绿色电力证书全覆盖工作促进可再生能源电力消费的通知》，明确了绿证的权威性、唯一

性和通用性，强化绿证的绿色电力消费属性标识功能，实现对可再生能源电量绿证核发全覆盖。《关于可再生能源绿色电力证书核发有关事项的通知》《关于享受中央政府补贴的绿电项目参与绿电交易有关事项的通知》等政策进一步明确了各部门职责及绿电交易收益归属，引导绿证和绿电价格在合理区间运行，推进我国绿色价值消费体系建设，激活消费侧转型升级对减碳的引领作用。同时稳步推进电力现货市场、区域电力市场建设，建立煤电容量电价机制，提出研究组建全国电力交易中心等举措（表1-3-5）。

表1-3-5 2023年我国推进电力市场化改革相关政策

序号	政策名称	发布单位	发布时间	主要内容
1	《关于享受中央政府补贴的绿电项目参与绿电交易有关事项的通知》	国家发展改革委、财政部、国家能源局	2023年2月	享受国家可再生能源补贴的绿色电力，参与绿电交易时高于项目所执行的煤电基准电价的溢价收益等额冲抵国家可再生能源补贴或归国家所有；发电企业放弃补贴的，参与绿电交易的全部收益归发电企业所有
2	《关于做好可再生能源绿色电力证书全覆盖工作促进可再生能源电力消费的通知》	国家发展改革委、财政部、国家能源局	2023年7月	明确绿证是认定可再生能源电力生产、消费的唯一凭证；鼓励社会各用能单位主动承担可再生能源电力消费社会责任；推动中央企业、地方国有企业、机关和事业单位发挥先行带头作用，稳步提升绿电消费比例
3	《关于可再生能源绿色电力证书核发有关事项的通知》	国家能源局	2023年9月	国家能源局新能源和可再生能源司负责绿证相关管理工作；国家能源局电力业务资质管理中心组织国家可再生能源信息管理中心核发绿证；国家能源局电力业务资质管理中心负责绿证核发，国家可再生能源信息管理中心配合并提供技术支撑
4	《电力现货市场基本规则（试行）》	国家发展改革委、国家能源局	2023年9月	就加快推进电力市场建设、规范电力现货市场的运营和管理提出相关要求

续表

序号	政策名称	发布单位	发布时间	主要内容
5	《关于进一步加快电力现货市场建设工作的通知》	国家发展改革委办公厅、国家能源局综合司	2023年10月	推动现货市场转正式运行、有序扩大现货市场建设范围、加快区域电力市场建设
6	《关于建立煤电容量电价机制的通知》	国家发展改革委、国家能源局	2023年11月	将现行煤电单一制电价调整为两部制电价

六、推进新能源汽车产业健康快速发展

2023年，我国从促进汽车消费、加快基础设施建设、延续和优化车辆购置税减免等方面出台5项新能源汽车相关支持政策（表1-3-6）。国务院发布《空气质量持续改善行动计划》，突出推动交通领域绿色低碳转型，提出提高新能源汽车比例、发展零排放货运车队等举措；国务院办公厅发文推动构建高质量充电基础设施体系，提出在具备条件的加油（气）站配建公共快充和换电设施，积极推进建设加油（气）、充换电等业务一体的综合供能服务站；财政部等将新能源汽车车辆购置税减免延长至2027年底，推动开展公共领域车辆全面电动化先行区试点工作。相关政策进一步促进新能源汽车消费，推动现有加油（气）站向综合能源服务站转型发展。

表1-3-6　2023年我国支持新能源汽车发展相关政策

序号	政策名称	发布单位	发布时间	主要内容
1	《关于延续和优化新能源汽车车辆购置税减免政策的公告》	财政部、税务总局、工业和信息化部	2023年6月	对购置日期在2024年1月1日至2025年12月31日期间的新能源汽车免征车辆购置税
2	《关于进一步构建高质量充电基础设施体系的指导意见》	国务院办公厅	2023年6月	到2030年基本建成覆盖广泛、规模适度、结构合理、功能完善的高质量充电基础设施体系，提出在具备条件的加油（气）站配建公共快充和换电设施，积极推进建设加油（气）、充换电等业务一体的综合供能服务站

续表

序号	政策名称	发布单位	发布时间	主要内容
3	《关于促进汽车消费的若干措施》	国家发展改革委等13部门	2023年7月	加强新能源汽车配套设施建设，降低新能源汽车购置使用成本，推动公共领域增加新能源汽车采购数量
4	《空气质量持续改善行动计划》	国务院	2023年11月	加快提升机动车清洁化水平；重点区域公共领域新增或更新公交、出租、城市物流配送、轻型环卫等车辆中，新能源汽车比例不低于80%；加快淘汰采用稀薄燃烧技术的燃气货车，发展零排放货运车队；力争到2025年，重点区域高速服务区快充站覆盖率不低于80%，其他地区不低于60%
5	《关于调整减免车辆购置税新能源汽车产品技术要求的公告》	工业和信息化部、财政部、税务总局	2023年12月	明确了2024年后新能源汽车减免车辆购置税政策适用的技术条件和执行要求

第四节 专题分析

一、我国新型能源体系建设

党的二十大提出"加快规划建设新型能源体系"后，如何建设新型能源体系成为热点话题，2024年中央经济工作会议再次提出"加快建设新型能源体系"，国家能源局明确2024年能源领域将重点围绕深入推进能源革命、加快建设新型能源体系开展工作。中国石油规划总院围绕新型能源体系建设开展了系列研究，提出了我国新型能源体系的内涵特征、建设路径及重点举措。

1.内涵特征

新型能源体系以"四个革命，一个合作"（能源消费革命、能源供给革命、能源技术革命、能源体制革命和全方位加强国际合作）为战略引领，是清洁低碳、安全高效的中国式现代能源体系，是保障国家能源安全的坚实屏障，是推动国家高质量发展的有效支撑，是我国积极参与应对气候变化全球治理的重要抓手。

新型能源体系将呈现能源供应安全化低碳化、能源消费电气化清洁化、供需调节一体化智能化、资源配置市场化高效化、生产布局集散化均衡化五大核心特征。

2.建设路径

从一次能源需求、电力系统结构和碳排放三个维度分析，提取典型特征，提出了我国新型能源体系近期、中期、远期"三步走"建设路径。

快速建设期（当前—2035年）：到2035年，新型能源体系初步建成，助力我国基本实现社会主义现代化。在该阶段，煤炭需求、石油需求、化石能源需求、一次能源需求依次达峰，煤炭、油气和非化石能源基本实现三分天下。

全面建成期（2035—2050年）：到2050年，新型能源体系全面建成，助力我国全面建成社会主义现代化强国。在该阶段，相较2020年，能源结构中非化石能源地位与煤炭发生互换，终端电气化率接近50%，全面步入电能社会。

成熟完善期（2050—2060年）：到2060年，新型能源体系成熟完善，助力我国全面实现碳中和战略目标。在该阶段，相较2020年，能源结构中非化石能源地位与化石能源发生互换，能源结构深度脱碳，并持续优化。

3.重点举措

一是健全绿色低碳能源供应体系，提高能源自主保障能力；二是推动

终端电气化率提升与用能清洁替代，促进消费侧清洁转型；三是加快构建新型电力系统，以电力为核心实现多种能源高效转化利用；四是加强输配网络和储备调峰体系建设，提升能源应急保障能力；五是聚焦矿产资源与新能源上下游产业链，保障能源体系全产业链供应链安全；六是深化实施区域能源协同发展战略，保障能源可及性，增进民生福祉；七是深入实施创新驱动发展战略，构建绿色能源技术创新体系；八是持续创新体制机制与管理模式，建设全国统一能源市场；九是利用国内国际两个市场、两种资源，推动构建新发展格局。

二、油气与新能源融合发展

油气与新能源融合发展，对推动构建新型能源体系、保障能源安全稳定供应具有重要意义。国家已明确出台相关支持政策，为加快新能源与油气融合发展提供了重要指导。中国石油、中国石化、中国海油等国内油气企业，围绕地热、清洁电力、氢能等融合路径，形成了"地热+""风电+""光伏+""氢能+"等特色模式，积极开展了一系列实践探索，取得了丰富成果。

1."地热+"模式

油气企业可发挥地热开发与利用方面的资源、技术、市场等多重优势，依托丰富的勘探和开发地下资源经验，大力发展地热清洁供暖。中国石油加快推进地热能开发利用，累计地热供暖面积超3500万平方米。北京城市副中心0701街区保障房（D、F地块）地热供暖试点示范项目是中国石油与北京市油气和新能源深化战略合作的标志性工程，采用先进的"取热不耗水，等量同层回灌"技术，实现地热水100%同层回灌，总供热面积35万平方米，年减少天然气消耗500万立方米，年减少二氧化碳排放0.76万吨。中国石化地热供暖能力超 9500 万平方米，为北京、天津、陕西等 11 个省份 62 个市县的百万余户居民提供清洁供暖服务，年减少二氧化碳排放约 470 万吨。

2. "风电+""光伏+"模式

油气企业自有土地、矿区周边风光资源丰富，可发挥资源禀赋较好、建设条件优越等优势，大力推进油气矿区及周边地区风电和光伏发电规模化开发，实现清洁电力自用与上网外供兼顾。一方面，对于油气生产用能清洁替代，根据油气田生产用电点多、面广的特点，利用油气生产区域内的零散闲置土地，因地制宜部署分散式风电和光伏，开展生产用能清洁替代。大庆油田喇嘛甸油田低碳示范区作为中国石油单体规模最大的低碳示范区已开工建设，一期工程新能源装机规模达 25.6 万千瓦。目前，风电、光伏一期工程已陆续投产并网，并同步开展智能微电网、绿电制氢、地热、再电气化现场试验。中国海油建成中国首个采用海上风电为油气平台直接供电的文昌浮式风电试验示范项目，所发电力通过动态海缆接入油田群电网，实现绿色电力 100%消纳。另一方面，可与陆上风光大基地、海上风电大基地结合，在油气田周边建设新能源基地，推动"风光气氢储"综合能源供应协同发展。中国石油吉林油田 7.8 万千瓦风电场和玉门油田 30 万千瓦光伏发电项目成功并网运行，塔里木油田尉犁县 10 万千瓦、且末县 10 万千瓦、叶城 50 万千瓦光伏发电项目相继一次性并网发电。

3. "氢能+"模式

油气企业传统业务与氢能结合紧密，在绿氢制备、副产氢提纯、管道输送、绿氢炼化等场景均有全产业链布局的突出潜力。中国石化提出打造中国第一氢能公司目标，聚焦氢能交通和绿氢炼化两大领域，制氢能力居

国内首位，建成燕山石化等 11 套氢提纯装置，鄂尔多斯风光融合绿氢示范项目已启动开工，风光发电制氢规划产能 3 万吨/年，建成后将供给中天合创作为甲醇合成中间原料，输氢端推进"西氢东送"输氢管道示范项目，规划建设乌兰察布至京津冀及周边地区 1100 千米纯氢管道；用氢端累计建成加氢站数量超 110 座，建成和运营加氢站数量位于全球首位，国内加氢站网络占有率约 30%，基本覆盖"3+2"氢燃料电池示范城市群中主要城市及重要地区。中国石油推动氢能制储运用协同发展，制氢端玉门油田 30 兆瓦可再生能源制氢示范项目一期工程投产，并已建成华北石化、四川石化、长庆石化氢提纯装置，其中四川石化提纯副产氢供应成都市郫都区古城油氢合建站，加氢站运行良好，为成都世界大学生运动会氢能公交车辆运行提供保障；储运端建成长 5.77 千米的玉门油田输氢管道，具备 20 兆帕长管拖车运输能力；用氢端聚焦京津冀、长三角、珠三角、川渝，建成加氢站（油氢合建站）超过 20 座，绿氢点燃冬奥会张家口赛区火炬台。

第二章

原油市场

观点摘要

- ➢ 2023 年

  - **国际油价呈 N 形走势**。宽幅波动，布伦特原油均价为 82 美元/桶，同比下降 16.8%。

  - **全球供需处于紧平衡**。需求"西稳东升"，消费出现结构性分化，供给总体紧缩，全球贸易走向东西双循环。

  - **埃克森美孚收购先锋自然资源**。向市场释放了未来石油和天然气仍将是全球能源结构重要组成部分的战略判断。

  - **达成化石能源转型决议**。全球气候大会制定"转型脱离化石燃料"路线图，选择化石能源与非化石能源融合发展的道路。

  - **国内消费快速反弹**。消费复苏回暖，汽油、煤油及石脑油消费量增幅明显，石油表观消费量同比增长 11.5%。

  - **进口依存度再创新高**。国内原油产量略有增长，进口原油同比增长 11%，达 56399.40 万吨，进口依存度达 73%。

- ➢ 2024 年

  - **预计布伦特原油均价为 80~85 美元/桶**。"OPEC+"减产协议仍是石油市场的"压舱石"，全年供需小幅短缺。

  - **国内石油需求增长放缓**。碳排放双控及乘用车电动化进程加速，预计国内石油需求 7.83 亿吨，增速约 4%。

- ➢ **未来五年**，预计全球石油需求将保持缓慢增长，增速约 1%；中国石油需求将于 2028 年前后达峰，未来 5 年增速约 2%。

第一节 2023年国际市场发展特点

自2020年新冠疫情导致需求骤减后，石油需求在各类经济刺激政策的推动下开启了长达三年的修复周期。2021—2022年，随着欧美等西方国家普及疫苗、放松管控措施，全球原油需求分别增长610万桶/日、200万桶/日（图2-1-1）。2023年，中国优化疫情防控措施，居民出行得以修复，进一步带动了全球原油需求增长，全年增幅达220万桶/日，规模恢复至1.018亿桶/日，时隔三年超过新冠疫情前水平，创下历史新高。

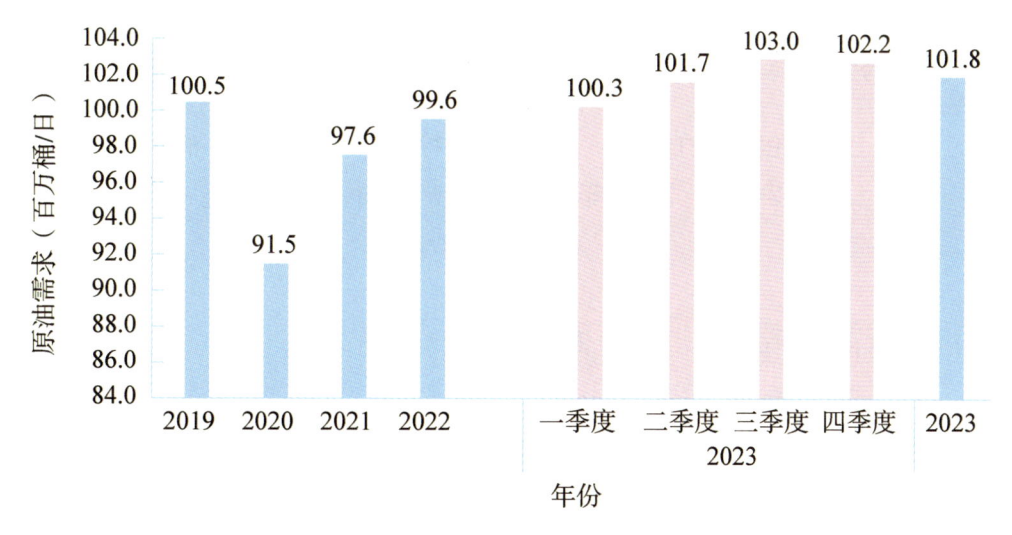

图 2-1-1　2019—2023年全球原油需求变化情况

数据来源：IEA、中国石油规划总院

一、2023年国际原油价格呈现N形走势

2023年，在需求衰退预期和供应紧缩现实的持续博弈下，国际油价宽幅波动。上半年欧美遭遇银行业危机，引发需求衰退预期，国际油价总体下行，主要在73~87美元/桶区间波动；下半年美联储停止加息、"OPEC+"扩大减产规模、叠加巴以冲突爆发，油价总体上行，并于9月达到97美元

/桶的年内高点。从年末来看，随着美国增产以及长期美债收益率持续提高，国际油价震荡回落，至年末收于 77 美元/桶。全年来看，布伦特油价呈现 N 形走势，在 70～95 美元/桶间宽幅震荡，均价为 82.2 美元/桶，同比下跌 16.8%（图 2-1-2）。

图 2-1-2 2023 年布伦特和 WTI 油价走势情况

数据来源：Eikon

二、全球需求格局"东升西稳"

从需求的地理格局来看，2023 年全球需求东升西稳。从西方来看，OECD 国家需求未见增长。美联储快速加息导致美国国债利率大幅倒挂，欧美银行业因此产生大规模浮亏，硅谷银行和瑞信银行等知名银行因此破产，甚至引发了全球经济衰退的悲观预期。欧美 OECD 国家经济因此减速，石油需求未见增长，规模 4580 万桶/日，与 2022 年持平。从东方来看，非 OECD 国家需求增长较快。2023 年伊始，中国优化疫情防控措施，积压的居民出行需求得到快速释放，需求增长 170 万桶/日；印度服务业及制造业维持高增长态势，需求增长 20 万桶/日。两国石油需求均创历史新高，贡献了全球需求增量的 80%以上。

三、石油需求出现结构分化

从需求的品种特点来看，随着全球制造业与服务业景气程度分化，2023 年油品需求增长向消费属性偏移。一方面，全球贸易摩擦不减，商品的国际间流通需求缩减，削弱制造业增长动能，2023 年末全球制造业采购经理人指数（PMI）为 49%，处于萎缩区间。与生产和流通密切相关的油品需求不振，柴油需求仅增长 12 万桶/日，燃料油需求下降 36 万桶/日。另一方面，在新冠疫情管控放松的背景下，服务业快速恢复，特别是餐饮、酒店住宿、文娱、交通运输等接触性服务业增速更是可观，年末服务业 PMI 为 51.6%，处于扩张区间。消费属性较强的航空煤油（简称航煤）和汽油需求分别增长 107 万桶/日和 72 万桶/日，贡献石油需求增量的 80%，如图 2-1-3 所示。

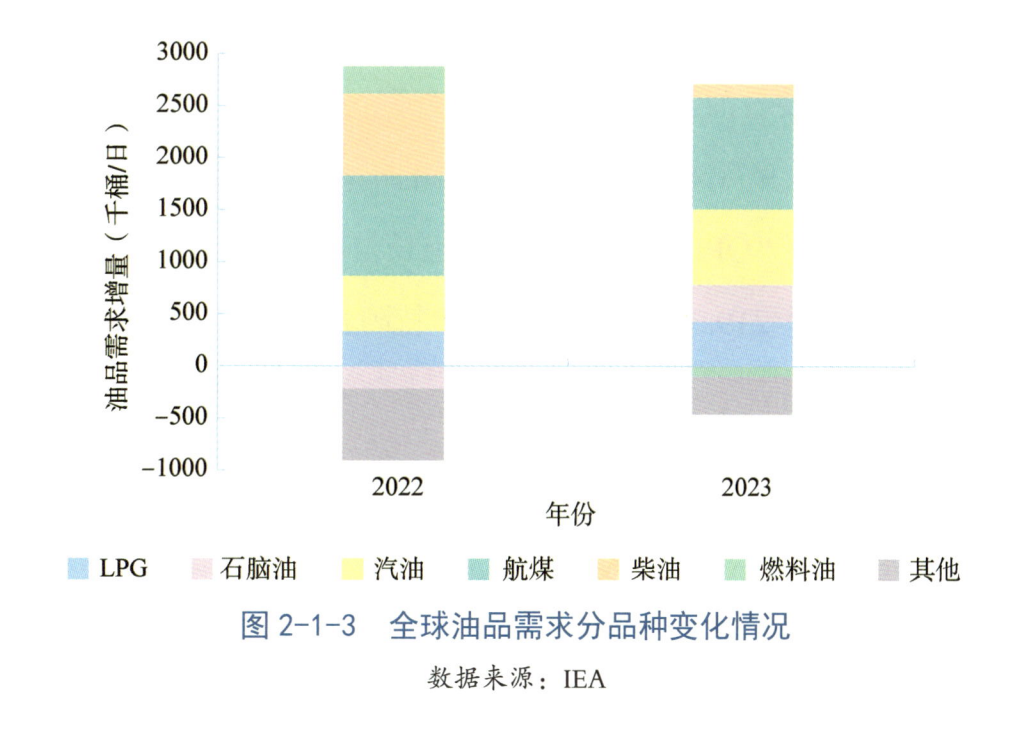

图 2-1-3　全球油品需求分品种变化情况

数据来源：IEA

四、全球供给总体紧缩

1. "OPEC+" 市场控制能力提升，减产保价策略贯穿全年

随着美国"已钻未完井"（DUC）转化殆尽，2023 年全球剩余产能进一

步向"OPEC+"组织集中,"OPEC+"成为全球最重要的产能调控中心。以沙特阿拉伯为首的"OPEC+"坚持减产保价策略,使得石油供应维持偏紧态势。

2023年初,美元快速加息引发硅谷银行破产,金融危机预期弥漫,油价跌破80美元/桶。为对抗油价下行走势,"OPEC+"开始减产保价。4月,"OPEC+"宣布集体减产。与2022年10月200万桶/日的减产有所不同,此次减产以2023年2月的实际产量而非产量配额为基准,完全履约带来的实际减产规模约为115万桶/日,减产效果更为直接。6月,为扭转价格颓势,"OPEC+"进一步宣布将4月的减产协议延长至2024年底。7月,沙特阿拉伯宣布自愿额外减产100万桶/日,并于9月宣布延长额外减产计划至12月底。连续的产量收缩改变了市场对供需过剩的担忧,叠加三季度市场进入需求旺季,主要石油消费国库存连续下降,国际油价启动了年度最大幅度的上涨行情,于9月末达到97美元/桶的年内高点。随着年末油价稍有回落,2023年11月"OPEC+"会议决定延长自愿减产至2024年一季度,自愿减产总规模合计219.3万桶/日,其中沙特阿拉伯和俄罗斯分别减产100万桶/日和50万桶/日。

2023年,"OPEC+"连续三次减产,减产保价策略贯穿全年,为油价提供了坚实的底部支撑。

2.俄油制裁效果不及预期,全球贸易走向东西双循环

2023年,七国集团(G7)与欧盟开始执行对俄罗斯成品油限价及禁运措施,但并未大幅影响俄油对外供给。从相关机构监测数据来看,俄罗斯通过自建船队、油轮过驳、开拓新航线等手段,向外出口原油及石油产品750万桶/日,与俄乌冲突前规模基本相当。其中,原油出口量约500万桶/日,

石油产品出口量约 250 万桶/日。相关制裁重塑了全球石油贸易流向。2023年，欧美制裁下俄油流向继续东移，海运石油出口向印度、东亚分别增加约 90 万桶/日和 30 万桶/日，向欧洲出口相应减少约 150 万桶/日。欧洲为了补充俄油缺口，加大了对南美洲、西非原油的进口。调整之下，全球贸易格局进一步向东西双循环分化。2023 年俄罗斯石油出口量流向变化如图 2-1-4 所示。

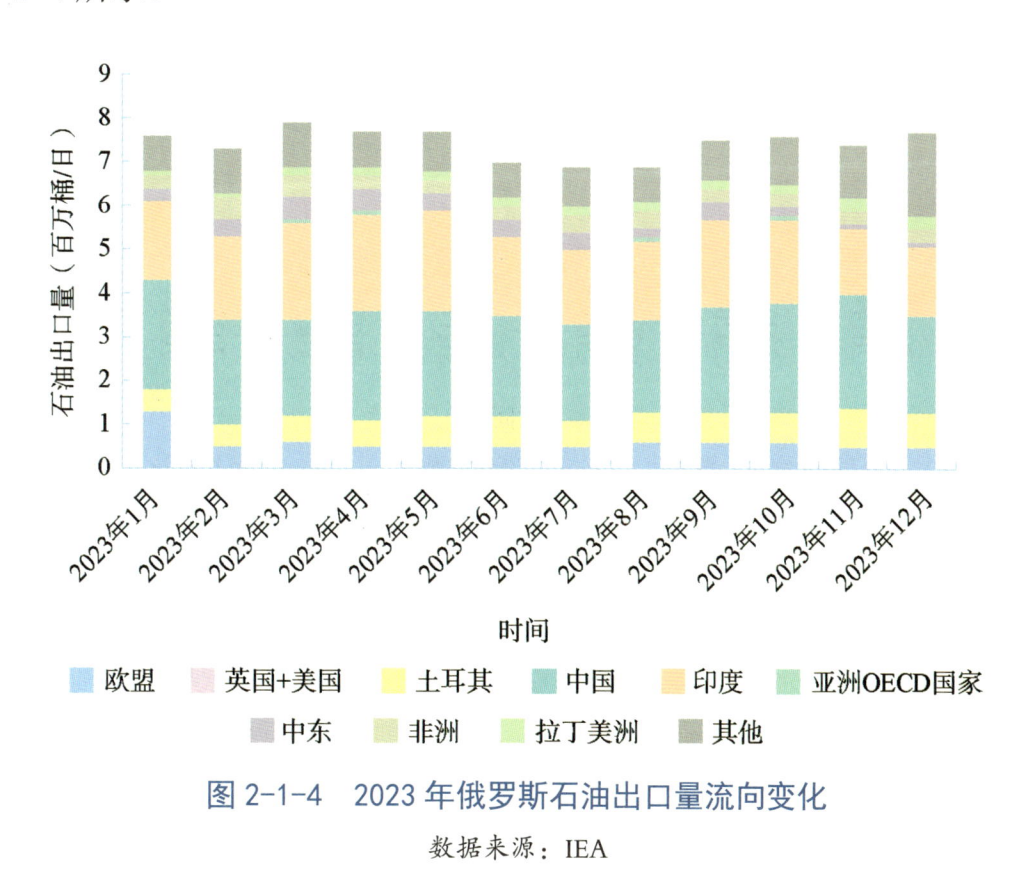

图 2-1-4　2023 年俄罗斯石油出口量流向变化

数据来源：IEA

3.美国原油产量重回历史新高

2023 年，美国原油产量持续攀升并创历史新高，成为非"OPEC+"国家中重要的增产力量。在技术进步带动下，美国页岩油单井效率提升对冲了活跃钻机数量下滑的不利影响，原油产量保持增长态势。美国新钻井、完井及"已钻未完井"数量如图 2-1-5 所示。根据美国能源信息署（EIA）

数据，2023 年 10 月美国原油产量增长至 1320 万桶/日，创历史新高。全年平均产量为 1259 万桶/日，同比增长 67 万桶/日。

图 2-1-5　美国新钻井、完井及"已钻未完井"数量

数据来源：EIA

4.受制裁国产量提升，成为补充市场供应的重要力量

为对抗油价上行、缓解通胀压力，西方国家一定程度放松了对伊朗、委内瑞拉等国的制裁，推动了相关国家增产。伊朗贡献了全球第二供应增量，原油产量增长 40 万桶/日至 310 万桶/日，达到 2018 年制裁生效以来的最高水平。2023 年，美国解除委内瑞拉石油制裁 6 个月，并恢复进口委内瑞拉原油。但受制于投资不足、设备老化等原因，委内瑞拉供应增幅有限，全年产量增幅约 10 万桶/日。综合来看，2023 年全球原油供应量约为 602 亿桶/日。

五、全球原油库存先升后降

2023年，全球需求创历史新高，"OPEC+"坚定减产维持供给紧缩，全球原油库存低位波动，先升后降。2023年末，OECD商业石油库存约为27.9亿桶，低于5年平均水平约9000万桶，与2022年末基本持平（图2-1-6）。

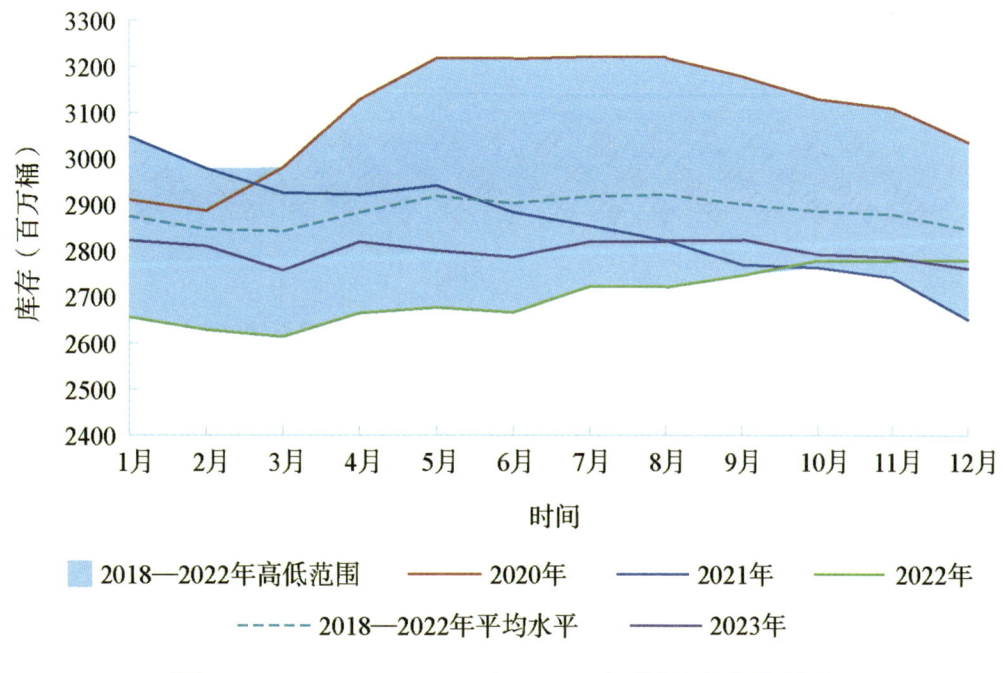

图 2-1-6　2018—2023 年 OECD 商业石油库存情况

数据来源：IEA、EIA

美国2022年为遏制油价上行释放1.8亿桶战略石油储备（SPR），补充市场供给。2023年，美国SPR规模降至3.47亿桶，触及40年低位。为恢复战略冲突应对能力，2023年5月美国开始回补SPR，并计划年内收储1200万桶。但受下半年油价上行等因素影响，全年实际仅收储452万桶。美国库存操作的转向，将其对市场的影响由增加供应转变为扩大需求，成为交易者关注的重要信息。2016—2023年美国原油库存情况如图2-1-7所示。

图 2-1-7　2016—2023 年美国原油库存情况

数据来源：EIA

六、石油金融属性持续带来压力

为遏制通胀，美联储于 2023 年 3 月开始快速加息缩表，导致美债收益率曲线深度倒挂。2023 年上半年，3 个月与 10 年期美债利差最高倒挂 1.89%，导致众多银行持有的债券大幅亏损。部分银行为应对挤兑，被迫抛售债券导致自身破产，同时也大幅抽紧了美元流动性，使得以美元计价的布伦特原油因此下挫超过 10%。为避免经济"硬着陆"，下半年开始美联储放缓加息步伐，情况才有所缓解。全年看，美联储累计加息 100 个基点，欧洲累计加息 200 个基点，英国累计加息 175 个基点。2020—2023 年各国基准利率变化如图 2-1-8 所示，西方经济体利率水平仍不断攀升，导致金融市场流动性紧张，令油价持续承压。

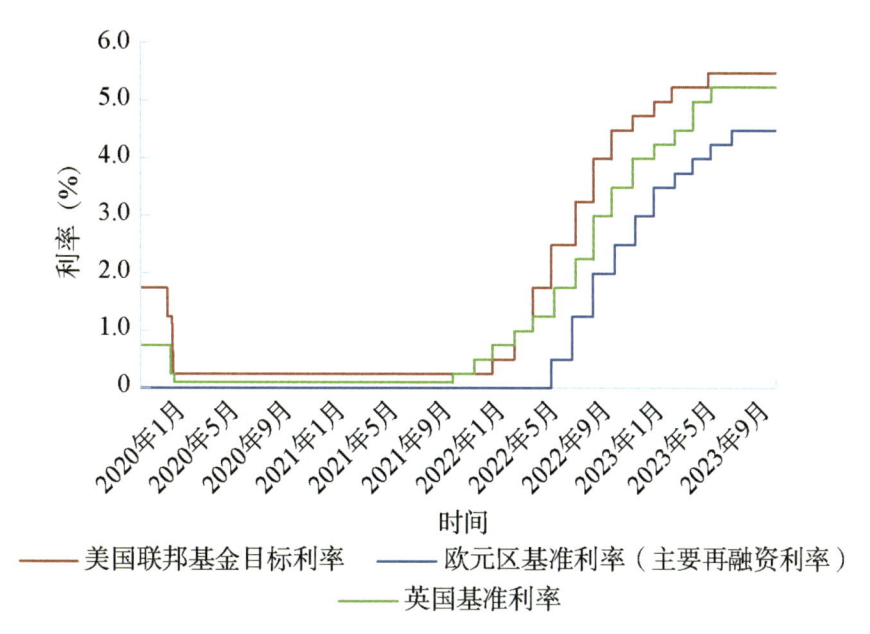

图 2-1-8　2020—2023 年各联储利率与美债利差变化

数据来源：Wind

第二节　2023 年国内市场发展特点

2023 年我国消费复苏回暖，石油表观消费量 7.53 亿吨，同比增长 11.5%（图 2-2-1）。

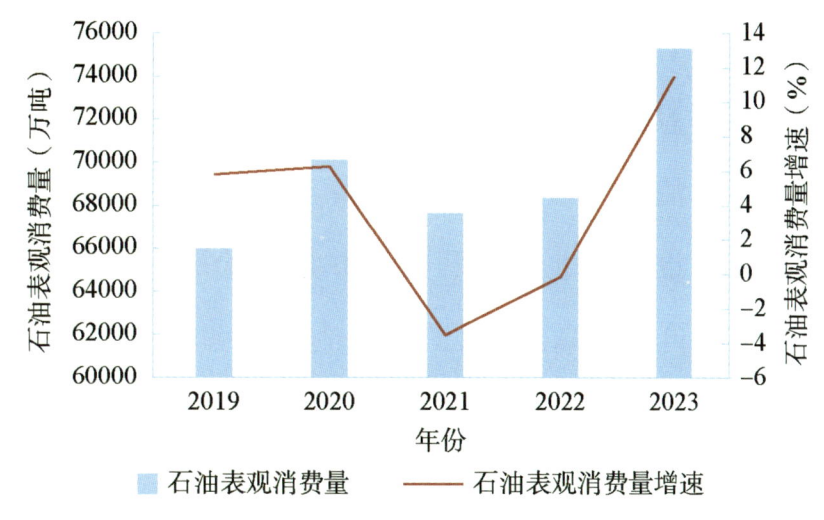

图 2-2-1　2019—2023 年中国石油表观消费量情况

数据来源：中国石油规划总院

一、国内原油产量稳步提升

随着国有石油公司不断加大油气勘探开发力度，国内石油产量步入稳步增长阶段。2023年国内原油产量达2.09亿吨，同比增产超400万吨，较2018年增产近1900万吨（图2-2-2）。国内原油2亿吨长期稳产的基本盘得以进一步夯实。

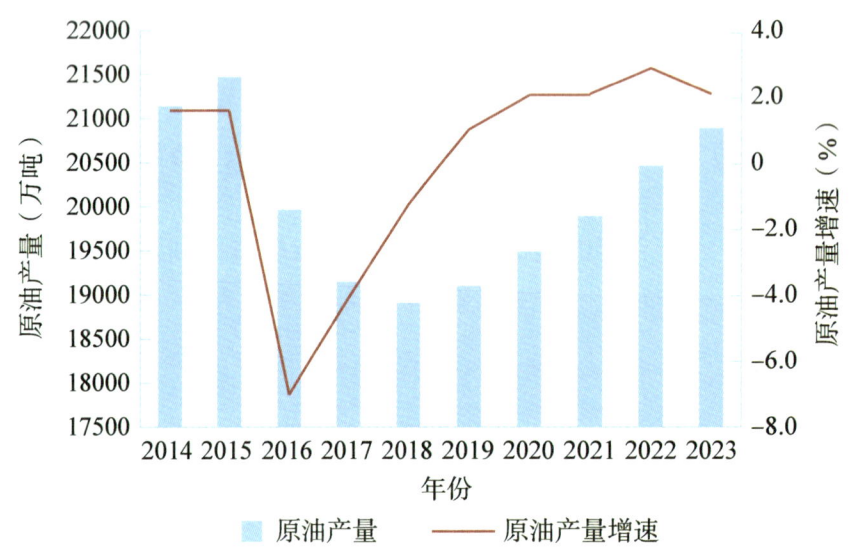

图 2-2-2 2014—2023 年中国原油产量情况

数据来源：中国石油规划总院

海洋原油持续上量，成为关键增长点。2023年海洋原油产量突破6200万吨，连续4年贡献全国石油增量的60%以上。另外，页岩油勘探开发稳步推进。庆城页岩油田，以及新疆吉木萨尔、大庆古龙、胜利济阳三个国家级示范区加快建设，苏北溱潼凹陷多井型试验取得商业突破，页岩油产量突破400万吨，再创新高。陆上深层—超深层勘探开发也获得重大发现，高效建成多个深层大油田。

二、进口来源更加集中

2023年我国累计进口原油56399.40万吨（合1128万桶/日），同比增长 11%，刷新了 2020 年进口 1081 万桶/日的历史纪录。原油进口依存度再创新高，达到了 73%，结束了此前连续两年下降的态势。原油进口依存度反弹，主要是受到国内需求恢复以及原油价格降低两重因素的影响。一方面，为满足国内复苏需求，国内原油加工量相应提高到 73478 万吨，较 2021 年增长 9.3%；另一方面，国际油价下行使得原油进口平均价格同比下降 19.2%，进一步刺激原油进口增加。

原油进口来源较往年更为集中。2023 年，原油进口前十来源国分别为俄罗斯、沙特阿拉伯、伊拉克、马来西亚、阿联酋、阿曼、巴西、安哥拉、科威特和美国。前十大进口国占总进口量的 87.6%，较 2022 年上升了 0.5 个百分点。与新冠疫情前相比，俄罗斯进口份额增长 3.6 个百分点至 19.0%，沙特阿拉伯进口份额下降 1.3 个百分点至 15.2%。马来西亚一跃成为我国第四大原油进口来源国，份额快速增长至 9.7%（图 2-2-3 和图 2-2-4）。

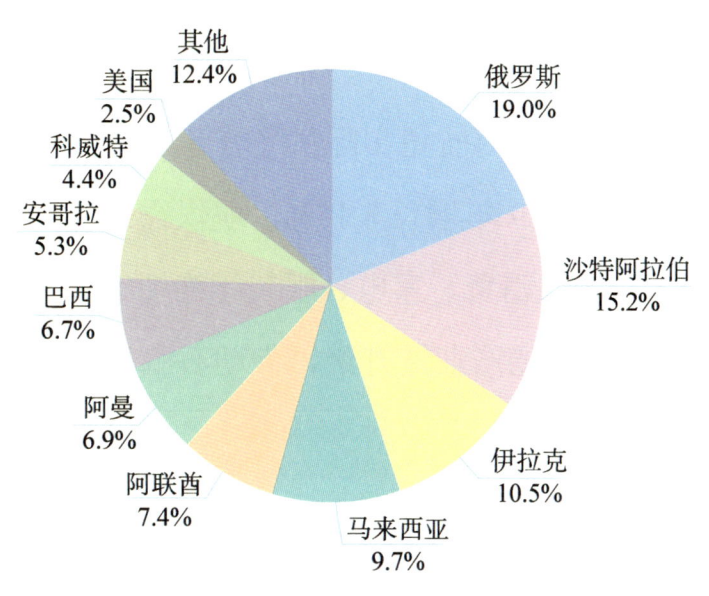

图 2-2-3 2023 年中国进口原油按国别分类

数据来源：海关总署

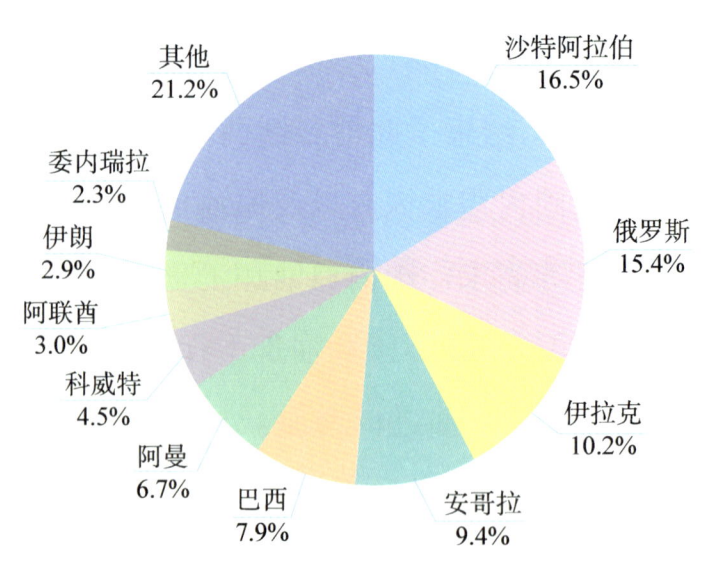

图 2-2-4 2019 年中国进口原油按国别分类

数据来源：海关总署

三、消费属性油品增幅更为突出

分品种来看，消费属性的汽油、煤油及 LPG 等增长明显。一方面，居民出行恢复改善了汽油和航煤的消费基本面。2023 年，我国汽车产销量均创历史新高，节假日出行强度回升，汽油消费量增长 33 万桶/日。国内国际间航班数量持续恢复，境内航司实际执飞客运航班 477.97 万架次，同比增长超过 100%，相比 2019 年增长 8.17%，航煤需求较 2022 年增长 34 万桶/日。另一方面，接触性消费、家电、服装等终端行业呈现出较好恢复态势，推动烯烃、芳烃和聚酯产业链升级，带动石脑油、LPG 需求分别增长 32%、17%。

四、上海原油期货市场影响力增强

上海原油期货已充分融入全球原油价格体系，且走势基于中国市场情况保持相对独立性。从一致性来看，上海原油期货与国际市场关联更加密切。以当期美元兑人民币中间价换算，布伦特原油期货价格与上海国际能源交易中心（INE）原油价格差最大为 45.6 元/桶，最小为-75.5 元/桶，平均价差为 19.5 元/桶，较 2022 年有显著缩小。内外价格联动性提升，反映出上海原油期货已有效融入全球原油价格体系。从差异性上来看，INE 原油价格更加侧重反映中国需求波动。特别是下半年中国经济持续恢复向好，而德国陷入衰退致使欧洲需求萎靡，三季度 INE 原油价格明显强于布伦特原油，高于后者约 40 元/桶，内外价差的有序波动更加有效地反映了内外需求差异（图 2-2-5）。

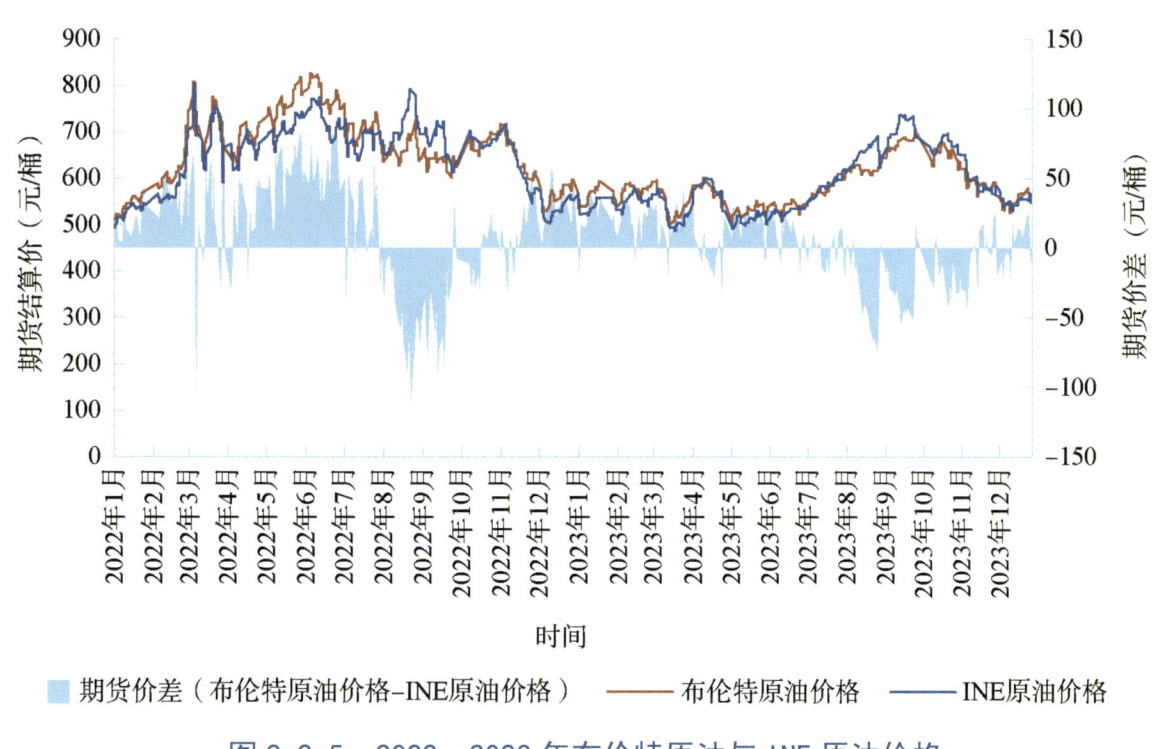

图 2-2-5　2022—2023 年布伦特原油与 INE 原油价格

数据来源：Wind

期货交割量同比提升，更加有效服务实体经济。 2023 年，INE 交割量 3711 万桶，同比增长 34%。主要是部分贸易商通过"期转现"来缩短资源采购时间，上海原油期货逐步成为原油进口的重要通道之一。

第三节 2023 年市场重大事项

一、国际油气行业再现大收购

埃克森美孚和先锋自然资源宣布达成收购协议。此次收购总价值约为 600 亿美元，既是埃克森与美孚合并以来最大收购，也是油气行业近 20 年来最大的收购案。交易完成后，埃克森美孚成为在二叠盆地拥有约 160 亿桶油当量储量的全球第一大页岩油气生产商。此次收购体现出大型油气企业存在扩大优势资源占有量、全产业链协同发展、资产管理集中化方面的战略需求，也向市场释放了未来石油和天然气仍将是全球能源结构重要组成部分的战略判断。

具体来看，埃克森美孚发起本次收购交易原因有二：一是能够扩大优势资源占有。交易完成后埃克森美孚将获得二叠—米德兰盆地约 24 亿桶油当量的规模储量，该部分资源的完全成本更低、碳排放强度更低、油气开发项目回收期更短，符合经济性、清洁型、灵活性的标准，能够进一步扩大资源优势。二是能够强化区域内上中下游协同发展。该次交易扩大了埃克森美孚在美国得克萨斯州和新墨西哥州等区域的油气勘探开发板块资产规模，既能够为美国墨西哥湾沿岸炼厂、LNG 生产线等提供充足的上游资源，也能够将墨西哥湾沿岸炼厂捕集的二氧化碳反向输送，用于提高上游资源采收率，能够进一步强化二叠盆地—墨西哥湾区域内的上中下游全价值链的协同发展能力。

二、全球气候大会通过化石能源转型决议

2023 年 11 月 30 日至 12 月 12 日，第 28 届联合国气候变化大会（COP28）

在迪拜举行。该届会议承诺，"以公正、有序和公平的方式推进能源系统向脱离所有化石燃料能源的方向转型，并在这个关键十年加速行动，以便在2050年左右实现净零排放；2030年内加速清洁能源的转变，将全球可再生能源的发电能力提高到3倍，将能源效率提到2倍"。各国代表就制定"转型脱离化石燃料"的路线图达成一致，这在联合国气候变化大会的历史上尚属首次。协议未采用"逐步淘汰化石能源"这一表达，而是强调"在转型中脱离"，表明化石能源与非化石能源的融合发展是一条更为现实可行的道路。

第四节　2023年重要政策解读

一、《矿业权出让收益征收办法》出台

为了进一步健全矿产资源有偿使用制度，规范矿业权出让收益征收管理，财政部、自然资源部、税务总局联合印发《矿业权出让收益征收办法》（简称《办法》）。《办法》的出台实施，在维护和实现矿产资源国家所有者权益、合理调节矿产资源收益分配、营造矿产资源市场公平竞争环境等方面发挥了积极作用。

一是促进征收管理政策与时俱进，提升管理和服务效果。征收管理体制方面，在保持中央与地方总体分成比例稳定的基础上，细化明确不同情形矿业权出让收益的分成规定；征收管理职责方面，与非税收入征收管理职责划转改革衔接；矿业权设置方面，对跨省域、跨市县矿业权以及油气矿业权等复杂情形如何确定征收地做了明确规定；缴款和退库方面，明确了自然资源、税务部门之间的费源信息传递机制；缴款时限方面，将矿业

权人缴款时限从收到缴款通知书 7 日内延长至 30 日内。《办法》还细化了退库职责分工和办事流程，明确由财政部各地监管局负责矿业权出让收益中央分成部分的退还工作。

二是减轻了企业的支付压力，有助于进一步释放产能。一方面，《办法》明确了按出让收益率征收的方式，对《矿种目录》内的 144 个矿种，分按额征收和逐年按率征收两部分缴纳矿业权出让收益。其中，按额征收部分，在出让环节依据竞争结果确定，因资源禀赋不同导致所有者权益的差异，可以在出让环节得到体现。逐年按率征收部分，由矿业权人在开采销售后依据销售收入一定比例（即出让收益率）按年缴纳。另一方面，《办法》降低了按金额形式征收的首付比例，最大限度延长了分期缴款年限，细化了市场基准价的相关规定。出让收益征收方式的优化调整，既有利于维护市场竞争机制，保障资源安全和有效利用，又尊重矿业勘查开发客观规律，聚焦解决征收节奏靠前偏快问题，降低了企业成本，打消了矿业企业的顾虑，鼓励加快转采、投产，尽快释放产能。

二、原油进口配额管理更加自主

商务部于 2024 年初下发 2024 年第二批原油非国营贸易进口允许量，配额总量为 17901 万吨。涵盖提前下发的 468 万吨的第一批配额，2024 年前两批进口原油配额已下发 18369 万吨，企业全年配额已全部发放完毕，较 2023 年实际执行量（不含第一批 2000 万吨）上涨约 0.7%。这是商务部首次给多数企业一次性全额下发 2024 年进口配额，是近年来配额下发机制的新变化，在总量管控的前提下，给予了企业更多自主权。

第五节　2024 年市场发展研判与未来五年展望

预计 2024 年全球石油需求 1.03 亿桶/日，同比增长 130 万桶/日，较 2021—2023 年 610 万桶/日、200 万桶/日、220 万桶/日的增幅明显放缓。我国石油需求量 7.83 亿吨，同比增长 4%。

一、全球原油需求动能衰减

高利率环境延缓全球经济增速。为对抗通胀压力，主要发达经济体均较大幅度提升了基准利率，尤其是美元在本轮加息周期中已经累计加息超过 500 个基点，加息幅度和速度为 20 年之最。从历史规律看，货币紧缩向实体经济传导具有 3~6 个月的时滞效应。当前发达经济体的高利率环境对 2024 年上半年的经济增长有明显的抑制作用。根据国际货币基金组织（IMF）、世界银行等机构研究结论，预测 2024 年全球 GDP 同比增长 2.8%，较 2023 年放缓 0.2 个百分点。

受经济减速及电动替代影响，发达国家石油需求总体持稳。根据历史规律，全球 GDP 增速每放缓 1 个百分点将压缩石油需求增速 1.5 个百分点，发达经济体经济减速降低了其需求增长的基本动力。另外，发达经济体车辆动力结构也在向电动化转型，欧洲电动车销量渗透率已经超过 16%，美国也已经接近 10%。与我国仍处车辆增长周期不同，欧美已经处于车辆饱和阶段，电动车将直接替换存量燃油车，蚕食存量石油需求。预计 2024 年发达经济体石油需求为 4570 万桶/日，同比下降 10 万桶/日。

发展中国家仍是主要需求增长点，中国、印度、巴西及中东国家整体经济稳定向好，预计发展中国家需求同比增长 140 万桶/日，至 5740 万桶/日。

综合两方面情况，预计 2024 年全球石油需求 1.03 亿桶/日，同比增长

130万桶/日，较2021—2023年610万桶/日、200万桶/日、220万桶/日的增幅明显放缓。

二、全球原油供应稳步提升

1.减产协议仍是石油市场的"压舱石"，但执行力度可能衰减

当前全球石油产能约1.08亿桶/日，仍高于全球需求水平，需要供给端保持主动减产才能维持平衡，"OPEC+"减产协议在市场中仍将发挥"压舱石"作用。从市场调节能力来看，"已钻未完井"数量大幅减少后，美国石油产能的机动能力已然减弱。"OPEC+"控制了全球85%剩余产能，调节能力空前集中。考虑到无明显外部份额竞争压力，预计2024年"OPEC+"大概率延续减产协议。2024年3月初，"OPEC+"已宣布将自愿减产措施延续到6月底，不排除其进一步减产持续至年末的可能。总体看，"OPEC+"延长减产使得二季度市场转向供不应求，后续仍有可能重新以阶梯式增产的方式恢复供应。在此背景下，减产执行率的高低将明显影响石油市场资源的短缺情况。2024年2月，"OPEC+"参与减产的18国实际产量超出目标42万桶/日，一定程度上削弱了减产实际效果。后期来看，由于财政平衡水平对油价的要求不同，预计仍有部分成员国存在减产执行不到位的情况，"OPEC+"实际减产规模为60万~100万桶/日。

2.搭减产便车，非"OPEC+"国家缓步增产

高油价推动非"OPEC+"国家持续提升本国石油产量。根据相关项目进展，预计2024年加拿大、巴西、圭亚那等国分别增产18万桶/日、28万桶/日、21万桶/日。受益于压裂技术进步和再压裂技术应用范围扩大，美国页岩油存量井产量衰减放缓，新井产量提升。其单井日均产量回升到1040桶/日，同比增长6.1%，2024年美国原油产量将增至1320万桶/日。综合来

看，预计 2024 年非"OPEC+"国家产量同比增长 100 万桶/日。

三、国际原油价格保持高位

全年供需小幅短缺。 2024 年全球需求增长 130 万桶/日至 10310 万桶/日，供应增长 80 万桶/日至 10280 万桶/日，需求增幅高于供给增幅，预计 2024 年市场总体供小于求 30 万桶/日。从时段看，缺口主要集中在二、三季度。

库存仍处较低区间。 长周期看，油价与 OECD 库存可用天数存在明显的负相关关系。当库存可用天数高于 93 天时，油价一般处于低油价周期，反之则处于高油价周期。在经历三年去库存周期后，OECD 库存已经显著低于五年均值水平。考虑到"OPEC+"坚持减产保价，全年市场将维持紧平衡态势，资源供给小幅短缺，预计 2024 年 OECD 库存可用天数继续下行，对油价形成重要支撑。

美元将转入降息周期，有利于大宗商品价格反弹。 自 2023 年 3 月美国银行危机以来，美联储加息步伐显著放缓，7 月后甚至暂停了加息。考虑到加息已经引发美国长期国债收益率快速上升，加剧美债发行难度，预计 2024 年美元将转入降息周期。参考历史，2000 年以来共有三轮美元降息周期，油价两涨一跌，跌势出现在金融危机时段。即在不发生系统性风险时，美元降息通常将推升大宗商品价格。但由于美国通胀仍具黏性，美联储在较长时间里维持了鹰派态度，使得美元降息预期时点一再后移，逐步从 2023 年 3 月推迟至 2024 年 6 月。2024 年上半年美元大概率维持高息环境，延缓金融属性反转对油价的支撑力度。

总体来看，2024 年全球需求增长放缓，供给仍有增产动力，市场供需边际宽松，将促使油价中枢略有下移。但总体低位的库存水平决定下移幅度有限，加之美元利率政策反转也将为油价提供一定支撑。预计基准情景

下，2024 年油价走势前低后高，布伦特全年均价仍在 80～85 美元/桶之间。

四、国内供需格局基本稳定

2024 年，中国经济平稳运行，预计全年 GDP 增速为 5%左右，呈现前低后高的态势。随着促消费政策持续发力、中国经济回稳向好，居民消费信心将进一步增强，2024 年消费需求有望持续增长，消费市场潜力有望进一步释放。

2024 年，国内石油需求增长放缓，预计总量达到 7.83 亿吨，增速约 4%。从消费结构看，乙烯裂解装置、重整装置投产带动石脑油需求快速增长；航煤需求在国内外航空出行增长带动下将创新高；疫情后居民出行需求回归常态，燃油车保有量增长放缓，乘用车电动化进程加速，汽油消费增速回落至潜在水平；能耗双控逐步转向碳排放双控，柴油消费量重回下降通道。

国内石油公司加大勘探开发投资力度，预计 2024 年国内原油产量达到 2.14 亿吨，同比增长 2.4%。海上油气勘探开发持续发力，通过创新成盆成凹机制、油气成藏模式认识，在渤海海域、南海深水领域再获亿吨级油气勘探新发现，开辟深水、深层、隐蔽油气藏、盆缘凹陷等勘探新领域，支撑海上产量进一步攀升。老油区深挖潜再次刷新我国陆上原油产量里程碑，大庆、胜利等老油区深化精细勘探开发，强化大幅提高采收率技术攻关应用，开发态势持续向好，原油累计产量再次刷新纪录，到达重要节点。页岩油气国家级示范区建设持续推进、新区新领域不断获得重要发现，深部煤层气勘探开发取得重大突破，非常规油气产量持续增长，成为全国油气增储上产的重要支撑。

展望未来五年，百年变局继续深入演进，世界进入新的动荡变革期。国际形势的不稳定性和不确定性持续增加，大分化、大调整、大变革趋势持续，全球经济增速下台阶。需求侧看，"双碳"目标约束下，可再生能源发展提速，电动车加快渗透，经济增长放缓叠加新能源替代对石油需求形成冲击。但全球南方国家人均石油消费远低于发达国家当前水平，预计未来将有较大增长潜力。综合预计全球石油需求将在未来5年保持缓慢增长，增速约为1%。中国汽车电动化进程正处于快速增长阶段，加快成品油需求达峰速度，预计中国石油需求将于2028年前后达峰，未来5年增速约2%。供应侧看，全球石油公司上游投资逐渐收缩，原油产能增长速度放缓，以美国、巴西、圭亚那等为代表的非"OPEC+"国家是产能增长极。市场基本面或逐渐由"供应调控"向"需求导向"转变，油价主要由需求量和边际供应成本所锚定。预计2030年前，布伦特油价主要运行区间为60～85美元/桶。

第六节 专题分析——提升我国原油定价权的思考

当前国际局势正处于百年未有之大变局中，原油等大宗商品价格剧烈波动，对各国经济的稳定运行带来了严峻挑战，能源安全成为国家总体安全的重要组成部分。2022年，中国《政府工作报告》将能源安全上升至与粮食安全同等重要的战略高度。作为全球最大的原油进口国，油价安全是中国能源安全的重要组成部分，定价话语权的强弱既关系到制造业成本等国之大计，又关系到出行和物价等民生要事。在当前局势下，有必要深入思考原油等大宗商品价格话语权的形成与运用方式，探索与中国国情和国力相契合的话语权构建路径，提升中国的原油价格定价影响力，维护国家能源安全。

定价话语权（定价影响力）实际是市场博弈能力的体现，表现为市场参与者对商品价格的影响或决定能力。在价格形成过程中，定价能力强的市场主体会引导价格向符合自身利益的方向变化，因此获利或者降低价格波动带来的风险与损失。

具体到原油领域，价格话语权通常体现为三个方面：一是供需控制力；二是交易规则制定和修改能力；三是价格走势引导力。在国际原油市场中，关键市场主体依托各自的禀赋优势，形成了不同特点的定价权影响方式。OPEC 主要通过产量政策影响石油定价，减产推价是该组织发挥影响力的核心策略。从效果看，OPEC 多次通过减产以较小的代价推动了原油价格成倍增长，实现了量价乘积的最大化，实现了自身利益最大化。当控制产量仍无法稳定油价时，OPEC 就会选择增产降价，以价格战的方式保护自身市场份额，采取该行动后油价往往会深度下跌。美国既是全球第一大石油消费国，又是第一大石油生产国，还拥有全球最发达的金融市场，可以通过多种手段影响油价，最有代表性的手段包括石油生产、石油储备、货币金融和政治等。在生产方面，美国推动页岩油技术革命，导致原油价格在 2014—2016 年大幅下滑。在石油储备方面，收放战略储备也是美国影响石油市场的重要方式。历史上，美国多次通过大规模释放石油储备在数月期间影响油价走势，最近一次为俄乌冲突期间，通过释储将油价从 139 美元/桶打落至 90 美元/桶以下。在货币金融方面，"石油—美元"体系使得美国货币政策对油价有十分显著的影响。货币名义价值变化与油价存在显著的负相关特征。当美联储扩大资产负债表时，美元流动性大幅增加，美元币值下降，油价名义价格上行；当美联储大幅缩表时，美元流动性缩减，美元币值上升，油价名义价格下行。在政治方面，美国制裁过伊朗、委内瑞拉和俄罗斯等产油国，均引起石油市场重大变化。

除原油市场的定价权形成可以作为参考外，中国在其他大宗商品市场定价权的变化案例对于提升中国在原油市场中的话语权也非常有参考意义。较有代表性的是，作为资源国，中国有效扭转了稀土定价权劣势；作为需求国，中国在粮食、铁矿石方面的定价话语权也有提升，相关做法值得参考。

纵观油气市场定价权的演变，并横向参考其他大宗商品定价权情况，可获得四点启示：一是尽管属性繁杂，但供需关系是定价权的核心。期货市场出现后，大宗商品交易普遍金融化，各类商品多多少少都会受到供需、金融和地缘政治三重属性的影响。但无论供需、金融和政治属性如何变化，最终还是通过供需关系或者供需关系的预期来影响市场。二是具备资源禀赋的市场主体在定价权方面具有天然优势，其国内行业集中是定价影响力的重要因素。大宗商品资源分布往往并不均衡，少量资源国掌握绝大多数储量或产能是常见现象。在资源分布高度集中的市场上，生产国组织可以通过调整产量政策，在较短时间内大幅减少或者增加市场供给，快速改变供需平衡，从而数倍调整商品价格。但这种方式要求资源国国内行业集中度较高，能够协同一致应对市场，如果行业内市场主体过于分散，定价能力将大打折扣，典型案例如中国以前的稀土行业。执行配额管理制度并不断提升技术要求，达到淘汰落后产能的效果，在提升行业集中度方面行之有效，也是各资源国提升商品定价权的重要选项。三是建设巨量储备是消费国获取定价影响力的关键方式。消费国对资源的刚性依赖程度，决定了其在供需关系中处于相对弱势地位，特别在供应端高度集中的资源市场更是如此。在一定时间段内，拥有巨量储备的消费国能够通过释放库存平抑

价格的极端波动，将价格稳定在合理范围内，例如中国通过释放巨量储备挫败了国际粮商控制中国小麦市场的企图。四是大宗商品的金融属性也是消费国提升话语权的重要着力点，但该类影响力较为稀缺。绑定大宗商品的交易货币，通过金融衍生品市场制定相关交易规则，都能够对大宗商品定价形成影响力。但在全球范围内，作为大宗商品"交易锚"的货币仅有一到两种，作为基准商品价格的交易所也仅有一到两个。该类影响力需要具备全球储备货币地位，所处市场拥有庞大的现货流通作为基础，一般仅超级经济体才具备相关条件，典型的如"石油—美元"体系。

就原油而言，中国是典型的消费国，国内资源禀赋有限，对外依存度高，在定价影响力方面存在天然劣势。从原油市场自身历史以及各大宗商品市场横向比较的经验看，建设超大规模战略和商业储备是消费国最有效且几乎是唯一的提升话语权的方式，在此基础上辅以不断提升的自给能力和集中采购等贸易举措，能够从供需层面提升中国的定价影响力，这也是根本性举措。随着中国的全球超大市场地位逐步确定，以大规模现货市场为根基，以高标准期货市场为主要平台，逐渐构建具有中国特色的基准原油价格体系已经具备现实基础。配合不断推进的人民币国际化，扩大国际贸易人民币结算比例，将进一步拓展中国通过金融市场提升价格影响力的工具深度。

第三章
成品油市场

观点摘要

> 2023 年

- **中国成品油消费呈现补偿性反弹。** 全年国内成品油产量接近 4.1 亿吨，同比增长 12.2%；国内成品油表观消费量 3.65 亿吨，同比增长 11.9%，较新冠疫情前增长 4.5%。

- **国内炼油能力和加工负荷同比增加。** 国内总炼油能力增加至 9.4 亿吨/年，平均加工负荷达到 71%，较上年提高 3 个百分点。

- **消费属性的油品成为主要增长点。** 汽油、煤油和柴油消费量分别为 1.56 亿吨、0.35 亿吨和 1.75 亿吨，同比增速分别为 12.1%、90.4%和 3.3%。

- **电动力和 LNG 是规模最大的车用替代燃料。** 电动力对汽油的实际替代规模约 2000 万吨，LNG 对柴油的替代量约 1850 万吨。

> 2024 年

- **国内成品油不同产品走势分化。** 汽油小幅增长 2.3%；航煤需求将超过新冠疫情前，增速为 10.8%；柴油消费下降 2.7%。预计成品油消费需求 3.67 亿吨，同比增速为 0.7%。

- **成品油供过于求矛盾进一步加剧。** 国内总炼油能力增加 2000 万吨/年，预计国内资源过剩量将达到 5000 万吨/年左右。

> **未来五年**，国内炼油能力将逐步接近 10 亿吨/年大关，成品油消费量进入峰值平台期。

第一节　2023年市场发展特点

国内成品油需求疫后复苏，时隔13年再现两位数增长。2023年国内成品油表观消费量3.65亿吨，同比增长11.9%，与2019年相比增长8.0%，扣除进口调油原料的影响，2023年的消费量较2019年增长4.5%（图3-1-1）。

图3-1-1　2014—2023年我国成品油表观消费量及同比增速
数据来源：国家发展改革委、中国石油规划总院

一、国内炼油能力和加工负荷均有所提高

2023年，独立炼厂盛虹石化和中国石油广东石化均全面投产，国内总炼油能力增加至9.4亿吨/年。全年国内成品油产量接近4.1亿吨，同比增长12.2%。国内炼厂平均加工负荷达到71%，较上年提高3个百分点。

1.主营单位炼能和加工负荷均有所提高，产量及份额双升

2023年，中国石油广东石化全面投产，中国石化和中国石油两大集团的炼油能力在国内占比达到58%。国内需求快速复苏、新加坡市场柴油裂解价差较高等因素叠加，为国内骨干炼油企业提量增产提供了市场空间。

2023 年，两大集团的原油加工量同比提高 10%左右，加工负荷提高到 81.9%，较上年提高 4.6 个百分点。成品油收率也较上年提高 1.9 个百分点，达到 62.1%，较好地满足了国内消费快速增长的需要。从 2023 年的统计数据看，两大集团的成品油产量份额合计为 68%，在国内成品油市场的影响力进一步增强（图 3-1-2）。

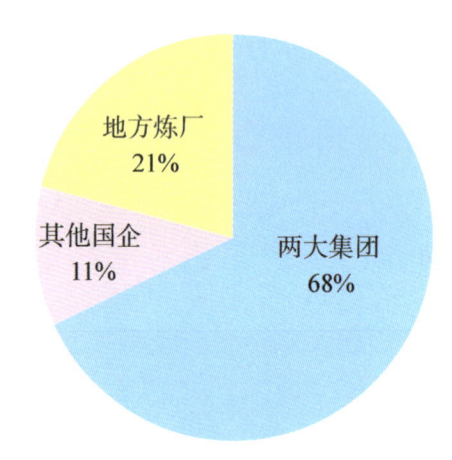

图 3-1-2　2023 年国内成品油各供应主体产量份额

数据来源：国家发展改革委、中国石油规划总院

2.独立炼厂继续"增员"，成品油收率持续下降

2023 年，盛虹石化进入满负荷生产阶段，该项目全面投产后，全国规模以上地方炼厂的炼油能力达到 2.18 亿吨/年，全部地方炼厂的原油加工能力达到全国炼油能力的 30%。恒力石化、浙江石化和盛虹石化三大独立炼化企业原油加工能力达到 7600 万吨/年，在地方炼厂总能力中占比达到 28%。由于有足额配额原油的支持，三大独立炼化企业 2023 年基本都是满负荷生产，加工量在地方炼厂总加工量中的占比接近 40%，带动地方炼厂总加工量同比提高 10%以上。炼化一体化企业的汽柴油收率明显低于传统燃料型地方炼厂，2023 年三大独立炼化企业平均汽柴油收率约 24%，显著拉低了地方炼厂整体的汽柴油收率。2023 年，国内地方炼厂的平均汽柴油

收率仅为55%，较上年下降5个百分点。2022年9月，商务部下发了非国营贸易进口原油的额外批次，要求在2022年内使用完毕，因此2022年地方炼厂实际获得的配额原油进口允许量合计四批，实际的进口原油加工量也较高。2023年，商务部下达的配额原油只有三批，地方炼厂获得的配额原油进口量较2022年减少1500万吨左右，部分地方炼厂通过增加进口稀释沥青和燃料油来补充进口原油的不足（图3-1-3）。

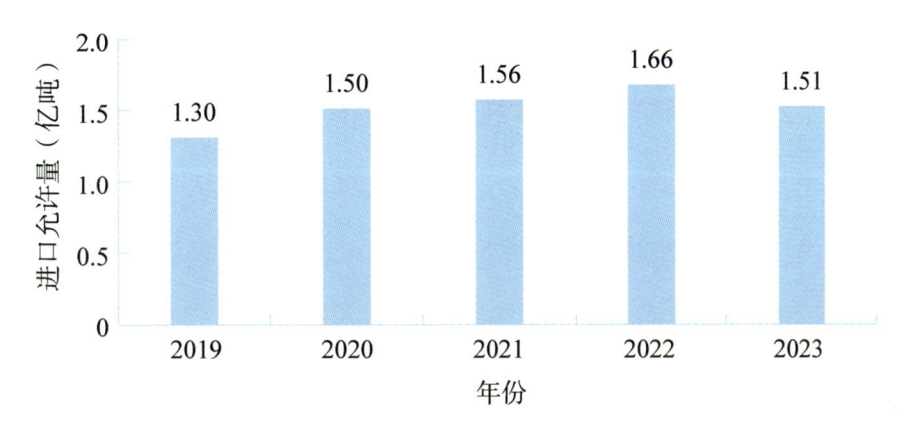

图3-1-3 2019—2023年地方炼厂配额原油进口允许量
数据来源：商务部

二、成品油消费量增长出现结构性变化

分品种看，汽油、煤油和柴油消费量分别为1.56亿吨、0.35亿吨和1.75亿吨，同比增速分别为12.1%、90.4%和3.3%。疫后出行修复，消费属性的油品成为主要增长点，汽油、煤油合计贡献85%的增量。

1.汽油消费量呈现补偿式快速增长

用油成本降低，出行恢复以及汽车销量回补，推动了汽油消费的高增长。一是2023年国际油价波动下行，布伦特原油全年均价为83美元/桶，较上年下降16%，汽油消费的成本压力明显减轻。二是出行方面，优化防控"新十条"的实施效果在2023年春节期间开始显示，道路出行需求出现

明显反弹，人们压抑已久的出行需求呈现补偿式的释放。从端午节开始，假日出行人数就已经超过了2019年同期，随后到来的"五一"、暑假和"十一"，出行人数都创下了历史新高，为汽油消费的大幅增长提供了有力支撑。三是我国汽车市场在2017年达到近2900万辆的销量，2018年销量开始进入下降通道，几番波动，新冠疫情以来压抑的购车需求在2023年集中释放，汽车销量创出3009万辆的新高，同比增速恢复了12.1%的两位数增长。其中，传统燃油车销量经历了连续5年的下滑后，也在2023年出现了难得的正增长，回升到2000万辆以上。传统燃油车中汽油车销量占比在80%左右，2023年汽油车销量同比增长1.6%。新能源汽车则是从2018年开始，销量突破百万辆关口，超预期增长，到2023年，实现了国内销量950万辆，在全国汽车销量中的占比达到31.6%（图3-1-4）。

图3-1-4 2015—2023年我国汽车分燃料类型销量

数据来源：中国汽车技术研究中心

我国汽油车销量虽然在2023年呈现正增长，但保有量增速已进入下降通道。2023年，汽油车保有量达到2.66亿辆，同比增速已下降至4.0%。与2019年相比，汽油车保有量增加了24%，但汽油消费量仅比2019年增加了6.0%。究其原因：一是绿色出行、共享出行等出行方式多样化在逐步减少汽油车的出行频率;二是技术进步带来的标准油耗也在持续下降。综合保有量和消费数据测算,2023年汽油车的平均实际单耗为0.54吨,仅为2015年的60%,显示汽油消费内在驱动力不断弱化。

2.航煤消费规模不断向新冠疫情前水平靠拢

我国煤油消费中97%以上为航煤,航煤消费量与航班执飞数量、飞机油耗等密切相关,其中航班执飞数量是影响航煤消费量最直观、影响权重最大的因素。新冠疫情期间,经常发生涉疫地区航班大面积取消的情况,航煤消费量大幅下降。2023年疫情影响消退后,执飞航班数量持续回升,国内航线航班数量（不包括港澳台航班）基本恢复至疫情前水平,港澳台航线航班数量已超过疫情前水平,但国际航线的航班数量从疫情期间大幅减少后,受多种因素影响尚未完全恢复（图3-1-5）。2019年国际航班的日平均执飞航班数量为1328架次,2023年12月仅恢复到1210架次。其中,中美航线的航班数恢复程度较差,12月仅恢复到每周35架次,而在2019年高达每周332架次。2023年航煤消费量0.35亿吨,同比增长90.4%,恢复至疫情前的95%。

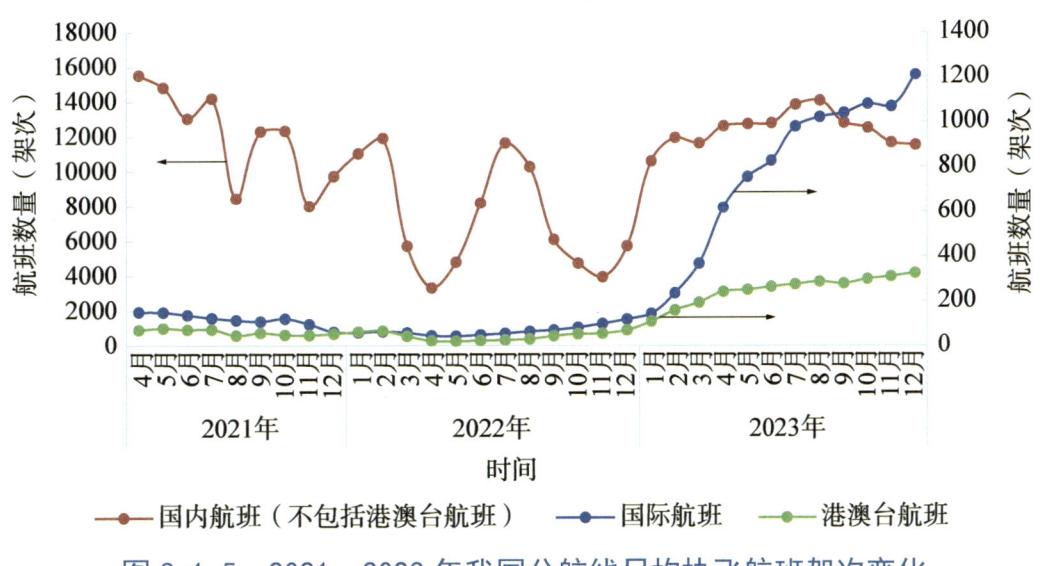

图3-1-5 2021—2023年我国分航线日均执飞航班架次变化

3.柴油消费增长空间有限

2023 年经济增速回升，驱动柴油消费持续增长。综合各行业柴油消费的变化情况，2023 年柴油消费量 1.75 亿吨，同比增长 3.3%，主要用油行业的柴油需求基本保持稳中有升态势。

一是农业用油稳步增长。我国农机化率已经达到较高水平，农作物耕种收综合机械化率从 2004 年的 34%提升至 2022 年的 73%，北方平原地区的机械化率超过 80%，丘陵地带的农机应用率也在逐渐提高，2023 年我国农业用油仍呈现小幅稳步上升态势。

二是建筑用油同比基本持平。房地产行业在 2023 年依然表现不佳，新开工面积和施工面积在上年较低的基数上继续大幅下滑，基建投资的稳定增长对冲了部分不利影响，建筑施工用油总体稳定。

三是工矿用油在煤炭增产拉动下小幅增长。2023 年全年粗钢产量同比持平，水泥产量在上年大幅下跌 10.8%的基础上继续下降 0.7%。用电需求持续增长和火电出力平稳，促进了煤炭优质产能持续释放，全年原煤产量在 2022 年大幅增长 9%的基础上继续增长 2.9%，煤炭行业的持续景气，弥补了其他大宗工业品生产耗油的下降，全年工矿用油增长 3%左右。

四是公路用油受替代燃料影响增幅有限。从公路物流领域看，清洁低碳燃料对柴油的替代显著增长。2023 年，我国公路货运周转量同比增长 6.92%，但是车用 LNG 对柴油的替代率提高，柴油重卡的行驶里程增长有限，公路物流对燃料需求的增长体现在车用 LNG 上。综合全年数据测算，公路物流领域柴油消费同比增长 3.5%。

三、电动力和天然气加速替代

乘用车电动化的加速推动了电动力对汽油的替代。2023 年，乘用车领域新能源车的销量占比超过 1/3，而新能源汽车在网约车领域的快速渗透加大了电动力对汽油的替代，网约车的日均行驶里程是家用轿车的 10 倍左右，2023 年电动力对汽油的实际替代规模约 2000 万吨。从地理分布看，电动力对汽油的替代率呈现由东南向西北地区递减的趋势；从城乡比较看，京津冀、长三角、珠三角和成渝地区四大城市群的电动力替代较为突出。

天然气价格的大幅回落使得车用 LNG 经济性凸显。2023 年以来，国际油价较上年同期下降 16%，但国际 LNG 价格大幅回落，东北亚 LNG 现货价格同比下降 59%，国内市场车用 LNG 的价格优势突出。根据不同燃料重卡车辆行驶里程比较，2023 年公路物流领域车用 LNG 对柴油的替代率达到 14%，同比提高 3 个百分点，分季节看，呈现逐季走高态势，与往年波动变化的走势完全不同（图 3-1-6）。

图 3-1-6　2020—2023 年车用 LNG 对公路物流领域柴油的替代率

从交通运输的统计数据看，2023 年 LNG 重卡行驶里程同比增长 32.3%，车用 LNG 对柴油的全年替代量达到 1850 万吨左右，对柴油的替代量较 2022 年增加近 500 万吨。

四、成品油出口量止跌回升

随着国内炼油能力不断提高，国内成品油资源的富余量也持续增加，需要加大出口进行平衡。2013年成品油出口量仅为1684万吨，至2019年超过5500万吨。2020年以来，随着"双碳"目标的提出和各项行动方案的落实，国内成品油生产企业也主动调减产量，成品油出口量连续三年下降，2022年仅为3445万吨。2023年国际市场成品油裂解价差处于较高水平，我国成品油出口效益较好，炼油企业出口积极性较高。2023年出口配额为3999万吨，较2022年提高274万吨，实际出口完成量达到4200万吨，为连续三年下降后首次回升，出口贸易有效发挥了调节作用，国内资源过剩矛盾基本解决。进口方面，国内成品油进口量持续降低，尤其是2020年以来降幅持续加大，2023年进口量降至48万吨。2009—2023年国内成品油进口量和出口量变化如图3-1-7所示。

图 3-1-7 2009—2023年国内成品油进口量和出口量变化

数据来源：海关总署

五、汽柴油出厂价同比下降

我国成品油出厂价在2022年达近10年来的峰值，2023年随着原油价格下行，成品油出厂价下调（图3-1-8）。从全年均价看，汽油出厂价9544元/吨，同比下降6.0%；柴油出厂价7967元/吨，同比下降6.5%；煤油出厂价6725元/吨，同比下降10.2%。

图3-1-8 2013—2023年成品油出厂价变动情况

数据来源：国家发展改革委、中国石油规划总院

2023年，我国成品油价格共调整22次，其中上调10次，下调12次，汽油价格累计下调95元，柴油价格累计下调50元（表3-1-1）。

表3-1-1 2023年汽柴油价格调整情况一览表　　　单位：元/吨

调价日	汽油价格变动幅度	柴油价格变动幅度
2023年1月3日	250	240
2023年1月17日	-250	-195
2023年2月3日	210	200
2023年3月17日	-100	-95
2023年3月31日	-335	-320
2023年4月17日	550	525
2023年4月28日	-160	-155
2023年5月16日	-380	-365
2023年5月30日	100	95
2023年6月13日	-55	-50
2023年6月28日	70	70
2023年7月12日	155	150

续表

调价日	汽油价格变动幅度	柴油价格变动幅度
2023年7月26日	275	260
2023年8月9日	240	230
2023年8月23日	55	55
2023年9月20日	385	370
2023年10月10日	-85	-80
2023年10月24日	-70	-70
2023年11月7日	-140	-135
2023年11月21日	-340	-330
2023年12月5日	-55	-50
2023年12月19日	-415	-400
累计调价幅度	-95	-50

第二节　2023年市场重大事项

一、两家千万吨级炼化一体化企业投产

盛虹炼化一体化项目于2022年底全面投产，2023年进入满负荷生产阶段。该炼厂是盛虹控股集团旗下企业，位于国家东中西区域合作示范区（连云港徐圩新区），包括1600万吨/年炼化一体化、240万吨/年醇基多联产、70万吨/年丙烷产业链、390万吨/年精对苯二甲酸（PTA）等重大项目，是国内单套常减压蒸馏规模最大的装置，并完整配套了超500万立方米仓储罐区、江苏首个30万吨级原油泊位、多个10万吨级至5万吨级液体化工泊位，以及热电联产等项目，逐步构建了芳烃、烯烃双链并进的发展模式，初步实现了核心原料平台+新能源、新材料等多元化产业链条的"1+N"战略布局。

中国石油广东石化全面投产。广东石化位于广东省揭阳市，主要包括2000万吨/年炼油装置、120万吨/年乙烯装置、260万吨/年对二甲苯（PX）

装置。广东石化是中国石油一次性投资规模最大的项目，该项目于 2023 年 2 月 27 日实现一次开车成功。配套建设 30 万吨级原油码头和 10 万吨级产品码头，拥有工艺装置 41 套，设计加工超重劣质原油，形成了独具特色的重质劣质原油深加工路线，布局了丙烯腈、ABS 生产线，为炼油、乙烯、芳烃一体化项目，实现了"宜油则油、宜芳则芳、宜烯则烯"的生产特色。广东石化是贯彻粤港澳大湾区战略的国家级重点工程，也是目前国内一次性建设规模最大、可生产全品类石化产品的炼化一体化项目。广东石化的投产将有助于构建广东省"一带一路"对外开放新格局，显著降低区域家电、电子等产业在化工原料方面的对外依存度，完善粤东地区石化产业链。

二、中国和沙特阿拉伯加大能源领域合作力度

2023 年 3 月 27 日，沙特阿美签署最终协议，拟以 246 亿元人民币（约折合 36 亿美元）的价格收购荣盛石化股份有限公司（荣盛石化）10%的股权。根据战略规划，沙特阿美将通过一项长期销售协议，向荣盛石化子公司浙江石油化工有限公司（浙石化）供应 48 万桶/日的阿拉伯原油；沙特阿美全资子公司沙特阿美海外有限公司将收购荣盛石化的股份。双方计划在贸易、精炼、化学品生产、原油储存和技术许可方面进行合作。

2023 年 3 月 29 日，华锦阿美炼化一体化项目正式开工建设。该项目位于辽宁省盘锦市辽滨沿海经济技术开发区，总投资 837 亿元，包括 1500 万吨/年炼油、165 万吨/年乙烯和 200 万吨/年 PX 等装置，预计 2026 年进入全面运营。该项目是沙特阿美、华锦集团和盘锦鑫诚实业集团（简称盘锦鑫诚）的合资企业，于 2019 年 12 月成立，三方持股比例分别为 30%、51% 和 19%。华锦集团为中国兵器工业集团有限公司下属子集团。盘锦鑫诚的控股股东为盘锦市国资委。

第三节　2023年重要政策解读

一、成品油市场持续整顿

成品油消费税扩围征收，提高了调油商的生产成本。 2023年6月30日，财政部和国家税务总局发布《关于部分成品油消费税政策执行口径的公告》（简称《公告》），将异辛烷、稳定轻烃、轻质煤焦油等17类产品纳入成品油消费税征税范围（表3-3-1）。这是继2021年对轻循环油、稀释沥青等油品进口环节征收消费税后，堵塞调和油原料税收漏洞的又一重要举措。

表3-3-1　消费税扩围征收的产品类别和征税标准

征税子税目	征收标准	现有油品名称
汽油	1.52元/升	烷基化油（异辛烷）
溶剂油	1.52元/升	石油醚、粗白油、轻质白油、部分工业白油（5号、7号、10号、15号、22号、32号、46号）
石脑油	1.52元/升	混合芳烃、重芳烃、混合碳八、稳定轻烃、轻油、轻质煤焦油

《公告》纳入征税范围的产品可用于汽油、柴油和润滑油生产。据不完全统计，2022年国内烷基化油产量约30万吨/年，工业白油产量400万～500万吨/年，重芳烃约130万吨/年，山西、内蒙古、新疆等煤制油企业生产轻质煤焦油200万～300万吨/年。按《公告》要求实施，国内采用上述产品调和生产汽柴油的企业，调油成本将增加600元/吨以上。

柴油纳入危险化学品管理，提高了油品贸易行业的经营门槛。 2022年10月，应急管理部等十部门发布公告，自2023年1月1日起，柴油（不再区分闪点）全部纳入危险化学品管理，危险性类别为"易燃液体，类别3"，所有柴油（包括 0 号柴油）都需要按照危险化学品开展相关行政许可和安全管理。此外，危险化学品生产、经营许可证的审批办理也将更加严格。柴油纳入危险化学品管理，部分无仓储设施和危险化学品经营许可的企业将面临被迫退出市场的压力，该政策的实施有利于国内成品油市场秩序进一步规范。

二、炼油行业绿色创新高质量发展

2023 年 10 月，国家发展改革委等部门联合发布《关于促进炼油行业绿色创新高质量发展的指导意见》（简称《意见》），加快推动炼油行业绿色转型。《意见》提出"到 2025 年，国内原油一次加工能力控制在 10 亿吨/年以内，千万吨级炼油产能占比 55%左右"的总目标，部署了推动产业优化升级、推进能源资源高效利用、加快绿色低碳发展、加强科技创新引领四个方面共 17 项重点任务，并从强化组织设施、完善配套政策和加强全过程监督三方面制定了保障措施。《意见》将在总量控制、结构调整的前提下促进落后产能出清、加快现有产能转型升级，严格规范成品油生产企业从原油采购到成品油销售全过程的经营行为并支持建立长效监管机制。石油企业需进一步提高炼厂能源资源利用水平，加快绿色低碳发展，加强科技创新引领，尤其是部分规模在 500 万吨/年及以下的中小型纯炼油企业，转型升级压力将加大。

第四节　2024 年市场发展研判与未来五年展望

预计 2024 年国内成品油消费量 3.67 亿吨，同比增速放缓至 0.7%。总体看，我国石油消费已走出三年新冠疫情影响，在巨大人口规模对能源消

费不断增加的背景下，仍将保持一段时间的温和增长。

一、汽油消费增速回落至潜在水平

汽油车保有量增速持续放缓，汽油消费回落至潜在水平。 从欧美等汽油市场较为成熟国家的发展经验看，随着千人汽车保有量超过 200 辆，汽车市场将进入普及期阶段的低速增长期。我国千人汽车保有量指标在 2021 年已超过 200 辆，汽车市场总销量已进入低速增长期，其中电动车的加速发展导致汽油车的保有量增速快速下降，汽油消费量的增速也将继续下行。根据中国汽车工业协会等机构的预测，预计 2024 年新能源车销量将达到 1150 万辆，销量占比达到 38%。新能源车的加速分流，导致汽油车保有量增速跌破 4%。疫后出行的需求在 2023 年已集中释放，2024 年汽油市场的驱动力将回归到汽油机具保有量的小幅增长。

新能源车在网约车领域的快速渗透加大了电动力对汽油需求的分流力度。 在国家政策引导下，多地出台相关政策加快新能源汽车在网约车领域的推广应用（表 3-4-1）。早在 2018 年，长三角、珠三角、京津冀等网约车集中发展城市群出台多项政策，明确提出提高新能源汽车在网约车领域渗透率的具体目标。2021 年以来，郑州、海口等二线省会城市陆续推出网约车换电补贴相关政策，加快推动相关基础设施建设。2023 年 11 月 13 日，工业和信息化部、交通运输部等八部门正式印发《关于启动第一批公共领域车辆全面电动化先行区试点的通知》，确定北京、深圳、重庆、成都、郑州、宁波、柳州等 15 个城市为首批试点城市，将在公务用车、城市公交车、环卫车、出租车、邮政快递车、城市物流配送车、机场用车、特定场景重型货车等公共领域推广新能源车数量超过 60 万辆。

表 3-4-1　重点省份和城市推动新能源车在网约车领域应用政策

地区	政策名称	政策目标
广东省	《关于加快交通运输行业新能源汽车推广应用的通知》	珠三角地区更新或新增的巡游出租车要全部使用新能源汽车，其中纯电动车型比例不得低于80%且逐年提高5个百分点
北京市	《北京市"十四五"时期交通发展建设规划》	"十四五"时期市属公交车（山区线路及应急保障车辆除外）、巡游出租车（社会保障和个体车辆除外）实现100%新能源化
杭州市	《关于印发〈杭州市网络预约出租汽车车辆技术标准〉的通知》	申请用于网约出租车的车辆须为新出厂的新能源纯电动汽车，或者车辆购置的计税价格在15万元以上的非新能源纯电动汽车
海南省	《海南省清洁能源汽车发展规划》	2030年，全域禁止销售燃油汽车；全省公共服务领域、社会运营领域车辆全面实现清洁能源化
河南省	《河南省2020年大气污染防治攻坚战实施方案》	2020年底前，郑州市城市建成区公交车、出租车全部更换为新能源汽车

综合上述分析，预计2024年我国汽油消费量1.59亿吨，同比增速下降至2.3%（图3-4-1）。

图 3-4-1　2014—2024年我国汽油表观消费量及同比增速

数据来源：国家发展改革委、中国石油规划总院

二、航煤消费规模将超过疫情前

消费活跃扩大国内外出行，航煤消费规模将超过新冠疫情前。2024年

国内经济稳定增长，居民可支配收入不断增加，假日长线旅游需求持续释放，国内航线的航班数量将超过疫情前。美国交通部表示，希望逐步促进更广泛的中美航空服务市场的重新开放，2024年北半球夏季时，可以进一步正常化中美航班。加之东南亚多国以及部分中东国家对中国游客实施免签，国际航线在2024年有望回升并超过疫情前水平。综合上述因素，预测2024年煤油消费量将达到3850万吨，同比增长10.8%，较2019年水平增长4.9%（图3-4-2）。

图3-4-2　2014—2024年我国航煤消费量及同比增速

数据来源：国家发展改革委、中国石油规划总院

三、柴油消费量重回下降通道

能耗双控向碳排放双控转变，柴油需求重回下降通道。能耗双控是对能源消费强度和总量进行控制，碳排放双控则是对碳排放强度和总量进行控制。2023年7月，中央全面深化改革委员会审议通过了《关于推动能耗双控逐步转向碳排放双控的意见》，对我国能源及其他领域均将产生深远影响。从能耗双控转向碳排放双控，凸显了降碳导向，对用能行业减碳提出了更高要求。柴油作为交通领域消费量最大的高碳排燃料，面临日益严峻的被低碳燃料替代的压力。

从柴油消费的主要行业看，2024年只有农业用油需求具备持续增长的条件，预计工矿、建筑施工和物流运输等行业的柴油需求均将小幅下降，2024年的柴油消费基本面较弱，柴油消费量约为1.7亿吨，比上年减少2.7%（图3-4-3）。

图3-4-3　2014—2024年我国柴油消费量及同比增速

数据来源：国家发展改革委、中国石油规划总院

"十三五"以来，我国农机总动力年均增长1.8%，2022年农机总动力超过11亿千瓦，提前3年达到"十四五"发展目标。从农机动力的构成看，柴油机仍占据绝对优势。农机领域电动力替代较为缓慢，农业农村部的统计数据显示，2022年柴油机动力占比78%，与2016年基本持平。预计2024年的农机总动力构成基本稳定，农业用油仍能呈现稳步小幅增长的态势，同比增长1.6%。

建筑施工领域的发展受政策的影响较大。2024年的基建市场主要受两大重要政策影响：一是万亿元特别国债的下发和使用。为支持灾后重建和提升防灾减灾救灾能力，中央财政在2023年四季度增发国债1万亿元按照特别国债管理，其中2023年安排使用5000亿元，结转2024年使用5000亿元。特别国债的增发将直接提振传统基建。二是《重点省份分类加强政

府投资项目管理办法（试行）》。由于我国地方政府的总体负债率较高，为化解债务风险，国务院出台该政策，要求东北、西北、西南等 12 个重点省份严控新建政府投资项目、严格清理规范在建政府投资项目。上述 12 省份的地方政府投资项目将受到抑制，但东部经济大省将加大出力，全国的固定资产投资增速将保持稳定增长态势。房地产方面，全国各地陆续放开商品房限购政策，鼓励居民消费，但销售端利好对上游开工的传导需要一定周期，2023 年全国 300 城土地市场成交建筑面积 12.2 亿平方米，较 2022 年同期下降了 21%，企业拿地积极性未有明显回升，预计 2024 年房地产的新开工需求仍将偏弱运行。总体看，基建稳、地产弱，加之工程机械的电动化进程也在加快，预计 2024 年建筑施工领域的柴油需求将呈下降态势，同比降幅预计为 2.4%。

工矿生产领域，柴油需求也缺乏上涨动力。一是煤矿安全监管形势进一步趋严，煤炭产量增速预计放缓。2024 年 2 月 2 日，国务院发布《煤矿安全生产条例》，要求进一步加强煤矿生产监管，煤炭供应端收紧，产量增速将回落，行业用油趋缓。二是钢铁行业，中国钢铁工业协会预计 2024 年全国钢铁需求同比下降 1%，其中用于汽车、电网、船舶等行业的钢铁需求将稳步回升，但建筑、机械类等主要用钢行业需求不振，下拉整体需求。预计 2024 年工矿生产领域的柴油需求同比小幅下降 2.1%。

公路运输需求增速放缓，叠加替代能源增加，物流领域的柴油消费量预计同比下降。重型货车的燃料消耗量大，是交通运输领域节能减排的重点关注对象。国务院 2023 年底印发《空气质量持续改善行动计划》，要求突出交通绿色低碳转型，大宗货物运输推进"公转铁"，进一步推动公共领域货车新能源化。绿色低碳的发展愿景下，清洁燃料重卡发展速度加快。

山西省依托丰富的煤制甲醇资源和雄厚的产业基础，主推甲醇重卡，已从小批量生产逐步迈向大规模的示范应用。电动重卡的发展也在加快，2023年新能源重卡销售超过2.5万辆，同比增长37%，预计2024年还将保持高速增长。2024年天然气供应形势总体宽松，国内车用气价格仍将处于有利的替代区间，天然气重卡将新增柴油替代量100万吨左右。车用能源低碳化加速，货运燃料的增量市场将基本被LNG、电动力和甲醇等低碳燃料抢走，存量市场也将被低碳能源蚕食。预计2024年公路物流领域柴油消费同比下降4.0%。

四、国内成品油产过于求的矛盾进一步加剧

成品油供应增速将快于需求增速。预计2024年新投用的炼油项目主要是民营炼厂裕龙石化（一期），主要包括2000万吨/年炼油、300万吨/年乙烯、300万吨/年混合二甲苯等装置。根据目前建设进度，预计将在2024年二季度投产。随着国内炼油能力增加，预计2024年成品油产量4.17亿吨，同比增长2%，明显快于国内成品油消费增速。

地方炼厂进口原油配额将增加，总体竞争力逐步提高。裕龙石化（一期）投产后，国内千万吨级以上的地方炼厂将达到4家。按照建设和投产进度估算，预计裕龙石化2024年可获得的进口原油配额为1000万吨。2024年规模以上（常减压蒸馏能力在300万吨/年及以上）地方炼厂的总炼油能力将提高至2.38亿吨/年，平均炼油规模将达到600万吨/年左右。根据国家发展改革委等部门下发的《关于促进炼油行业绿色创新高质量发展的指导意见》，将有少量规模较小、能效低于基准水平或环保治理水平不达标的炼油企业在2025年前后退出，国内炼油行业将优化升级，落后产能加快淘汰，地方炼厂的平均规模将进一步提高，竞争能力也将继续增强。

2024年资源过剩规模将继续增加。 根据对供需两侧的分析预测，预计2024年国内成品油市场产大于需5000万吨以上，同比扩大约800万吨。因此，2024年的市场仍存在一定的不确定性，商务部可能适量调高出口配额，满足国内炼油能力增长带来的资源消纳需求；如果出口市场效益较差，预计炼油企业将适当调减成品油产量，避免国内资源过剩带来的价格竞争。

未来五年，随着电动力等清洁燃料对汽柴油的替代，国内柴油消费已经开始进入下降通道，汽油消费量预计在2025年左右达峰，航煤则是唯一可保持增长的油品，成品油消费量将进入增长平台期，呈现峰值平台小幅波动态势。国内仍有新炼厂投产，存量炼厂多以"减油增化"改造为主，成品油产量增加有限。每年国内的成品油资源过剩量将维持在5000万吨左右，主要依靠出口进行市场调节。

第五节　专题分析

一、新能源汽车在网约车领域快速渗透

网约车指通过网络预约提供出租汽车服务的车辆，包括挂牌出租车和进行了网约车注册的非巡游车辆。网约车行业已进入政策监管下的合规经营模式，发展迅速。截至2023年12月底，获得许可证的网约车平台为337家，驾驶员证658万本，车辆运输证282万本（不含出租车）（表3-5-1），2023年我国网约车的用户渗透率已经达到55%（指网约车用户与我国网民数量之比）。分省份看，经济发达地区网约车数量也更多，广东省以52万辆位居全国第一，其次为浙江、四川和江苏，三省的网约车数量均超过20万辆。

表 3-5-1　2021—2023 年我国网约车（不含巡游出租车）市场数据

时间	网约车平台（家）	网约车驾驶员（万人）	网约车运输证（万本）
2021 年 6 月	236	349	133
2021 年 12 月	258	395	156
2022 年 6 月	277	453	184
2022 年 12 月	298	509	212
2023 年 6 月	318	579	243
2023 年 12 月	337	658	282

根据交通运输部的统计数据，2023 年底，我国出租租赁类车辆总数为 418 万辆。网约车基于其运营车辆的性质，出行频率高、日均行驶里程较长，因此网约车驾驶员对燃料动力的成本更为敏感，动力费用更低的新能源车在网约车领域渗透较快。2023 年，我国网约车中新能源车辆占比达到 67%，汽油车仅占 31%，其余 2% 主要为天然气车。调查显示，主要城市网约车日行驶里程平均为 300 千米，是私人家用车辆的 10 倍左右。新能源车辆的保有量目前仅占我国汽车总量的 7%，但新能源车辆在网约车领域的高渗透，导致新能源车的实际行驶里程在乘用车全部行驶里程中的占比达到 14% 左右。按新能源车行驶里程以及全国乘用车平均百公里油耗计算，2023 年电动力对汽油的替代量达到 2000 万吨左右。

网约车发展的区域性差异带来电动力对汽油的替代率有显著的区域性特点。按照各省网约车数量、燃料类型，以及网约车和普通乘用车的行驶里程差异，计算得到全国各省份的电动力替代比例（图 3-5-1）。海南以 31.8% 的替代率位居第一，其次为上海 27.3%，顺次为广东和北京，分别为 20.6% 和 19.2%；替代率最低的是北方地区，西藏最低为 1.3%，黑龙江和内蒙古均未超过 2%，其他东北和西北省份均未超过 10%。北方地区替代率较低的另一个原因是混动车辆在新能源车中占比较高，如黑龙江和新疆，混动车

辆在新能源车保有量中占比均达到 75%。调查显示，混动车辆 45% 左右的工况是纯电模式，因此北方区域不仅新能源车的发展速度慢于南方，电动力对汽油的替代率也更低，汽油消费的增长窗口期明显长于南方省份。

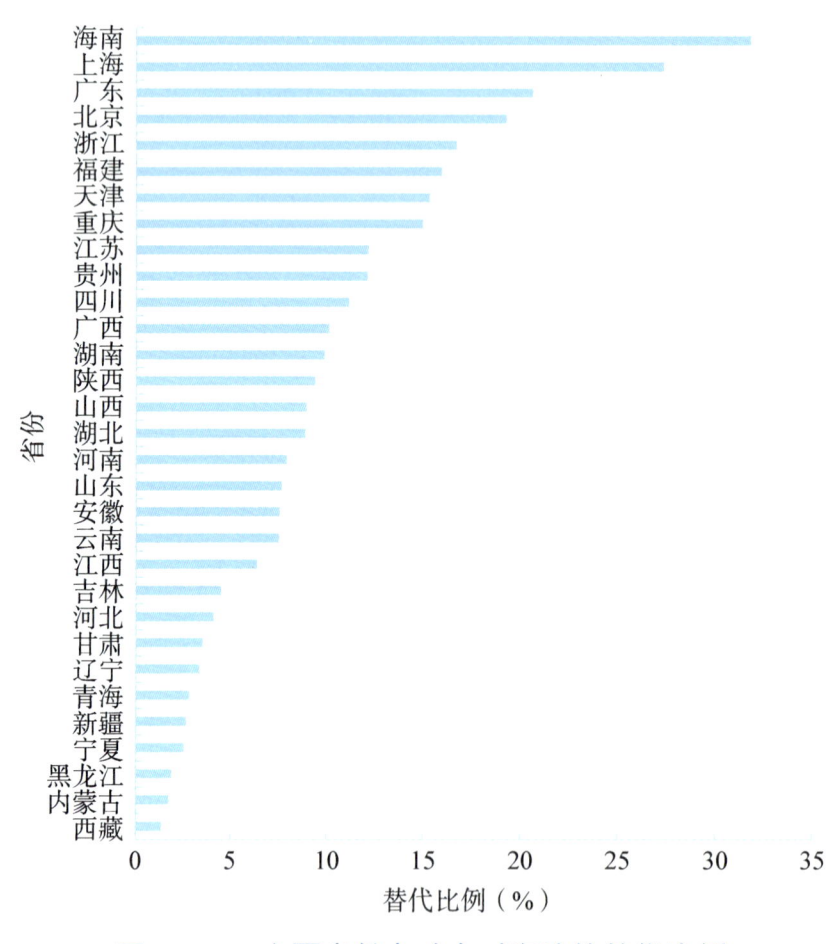

图 3-5-1 主要省份电动力对汽油的替代比例

数据来源：中国石油规划总院

二、车用天然气对柴油的替代规模加速扩大

2011 年以来，天然气对柴油的替代速度显著加快，车用 LNG 成为天然气在交通领域的主要应用形式。经济性具备比较优势是天然气持续替代柴油的主要原因。根据车辆实际工况使用情况，约 1.2 立方米 LNG 替代 1 升柴油，故在 LNG 终端销售价与柴油零售价的比值低于 0.8 时，LNG 作为车

用燃料就具备经济性。过去十年的大多数时段中，该比值主要运行在 0.6～0.8 区间内，显著的经济性赋予了 LNG 向交通领域渗透的市场动力。

LNG 重卡无颗粒物、有害物质排放，相比柴油车可减少 30% 以上的污染物排放。"双碳"目标下，LNG 的环保和减碳效应自带政策推广红利。《2030 年前碳达峰行动方案》中，明确提出支持车船使用 LNG 作为燃料，国内已有 28 个省份在规划或者政策文件中提出支持天然气发展。

2023 年，国际气价从高位回落，东北亚现货 LNG 到岸价格全年均价为 13.82 美元/百万英热单位，较 2022 年下降 59%，国际原油价格（布伦特期货）则仅下降 16.3%。天然气价格的下降导致国内车用 LNG 的零售价格大幅下跌。以甘肃地区的车用 LNG 与 0 号柴油的零售价格比较，该比值从 2022 年的 0.9 下降至 2023 年的 0.72（图 3-5-2）。车用 LNG 经济性的凸显带动国内 LNG 重卡旺销，2023 年销量达到 15.2 万辆，创历史新高，公路运输车队中 LNG 重卡的活跃性大幅提升，车用 LNG 对公路物流柴油的替代率达到 14%。

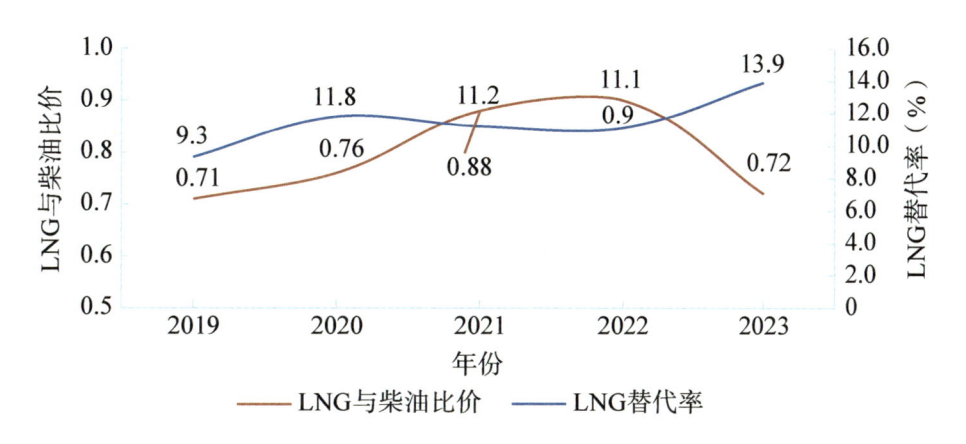

图 3-5-2 LNG 与柴油比价和 LNG 替代率变化

LNG 与柴油比价为甘肃地区零售价格比值，LNG 替代率为 LNG 重卡行驶里程与重卡行驶里程的比值
数据来源：中国石油规划总院

从全国主要省份的 LNG 重卡行驶里程占比图（图 3-5-3）可以看出，LNG 替代呈现明显的区域集中性，替代率最高的区域为西北地区，向东南方向梯次降低。其中，宁夏的替代率超过 50%，为全国最高；上海和浙江最低，均不到 1%；海南的环保要求高，使用 LNG 车辆可享受政策补贴，LNG 替代率也超过了 30%。

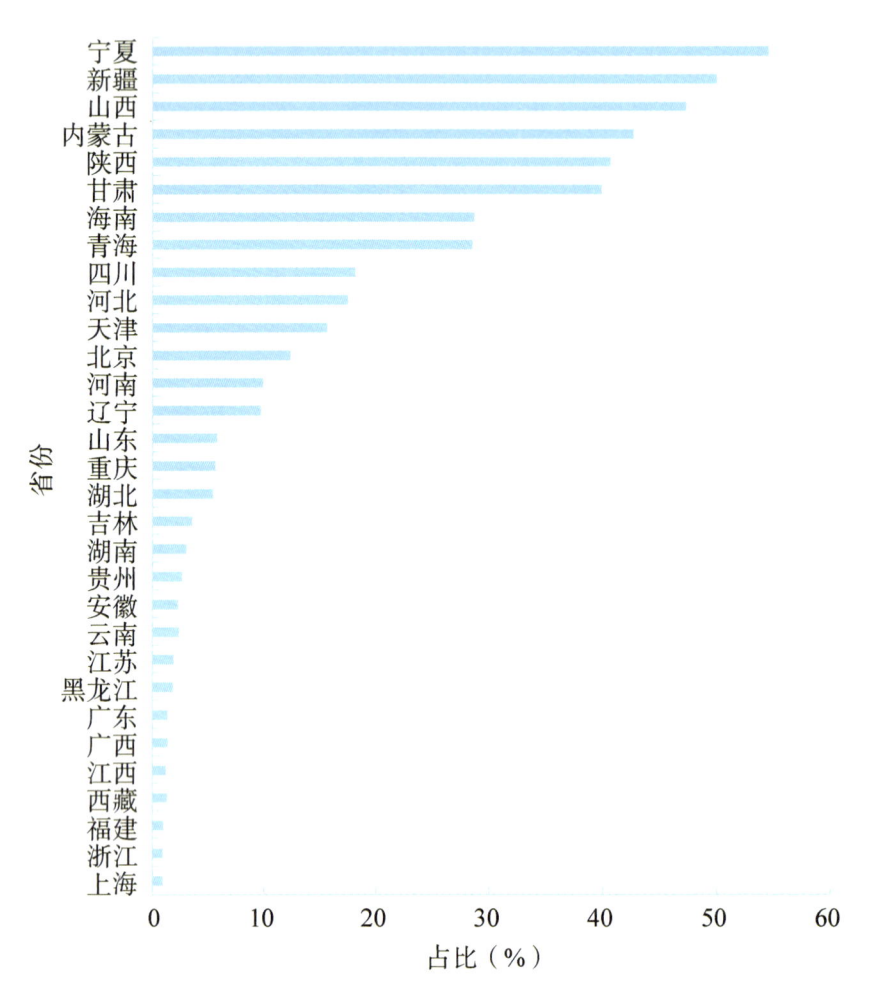

图 3-5-3　2023 年主要省份 LNG 重卡行驶里程占比

数据来源：交通运输部、中国石油规划总院

第四章
石油化工产品市场

观点摘要

➢ 2023 年

- **乙烯产品链供应增长放缓，需求修复明显。**乙烯产能同比增长 7.8%，当量消费量同比增长 6.9%，自给率为 69.5%，同比提高 2.9 个百分点。下游装置开工率变化不一。

- **丙烯产品链供应延续高增长，供应过剩状况加剧。**丙烯产能同比增长 12.5%，当量消费量同比增长 6.9%，自给率为 90.0%，同比提高 2.3 个百分点。下游产品产能普遍过剩。

- **丁二烯产品链消费迎来爆发式增长，维持较高景气度。**丁二烯产能同比增长 5.8%，当量消费量同比增长 13.3%，自给率为 85.2%，同比减少 3.7 个百分点。下游装置开工率总体增加。

- **芳烃主要产品市场情况各有不同。**纯苯供应增长不及需求增长，市场供应趋紧。苯乙烯扩能步伐不减，产能满足率大幅上升。PX 市场仍然处于紧平衡状态。

- **重点化工新材料自给率提升，但市场供应缺口仍然较大。**茂金属聚乙烯自给率为 17.3%，EVA 自给率为 64.4%，聚甲醛自给率为 59.5%。

➢ 2024 年

- **需求保持增长。**乙烯增速 4.8%，丙烯 5.6%，丁二烯 6.0%，芳烃 8.0%；重点化工新材料，茂金属聚乙烯增速 7.3%，EVA 58.0%，POM 1.2%。

➢ **未来五年，产能和需求将实现双增长。**

第一节 乙烯产品链

一、2023年市场发展特点

2023年，国内乙烯供应继续大幅增长，增速有所放缓。产能达到5146万吨/年，同比增长7.8%（五年均值16.1%）；产量达到4512万吨，同比增长11.6%（五年均值17.1%）；当量消费量达到6491万吨，同比增长6.9%（五年均值5.4%）。国内乙烯产能满足率和自给率均稳步提高，2023年分别达到80%和69.5%，同比分别提高1.4个百分点和2.9个百分点，如图4-1-1所示。

图4-1-1 国内乙烯供需趋势及需求增速图

数据来源：中国石油规划总院

1.新装置投产推动乙烯原料结构调整

2023年，随着三江化工100万吨/年、广东石化120万吨/年、海南炼化100万吨/年、宁夏宝丰53万吨/年（以煤制烯烃为主）等装置投产，蒸汽裂解工艺乙烯产能占比增加到82.9%，同比增加0.8个百分点；煤（甲醇）制烯烃的乙烯产能占比从15.7%减少到15.1%。图4-1-2显示了国内不同原料路线乙烯产能占比情况。

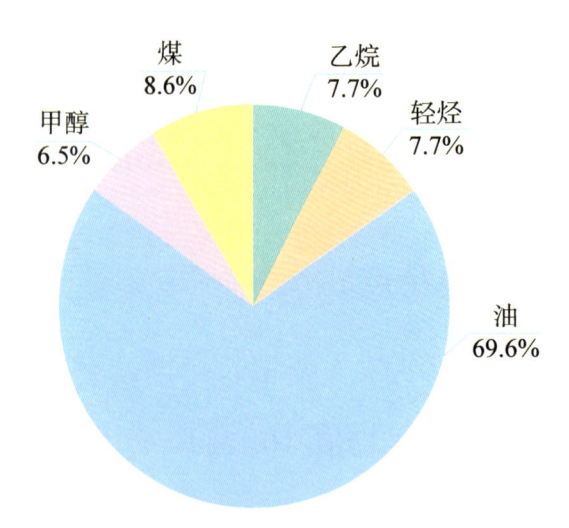

图 4-1-2　国内不同原料路线乙烯产能占比情况

数据来源：中国石油规划总院

2.行业主体向大型企业集中，竞争进一步加剧

2023 年，大型国有石化企业的乙烯产能增至 2312 万吨/年，占比为 44.9%，同比增加 1.1 个百分点；大型民营企业的乙烯产能增至 1335 万吨/年，占比为 25.9%，见表 4-1-1。

表 4-1-1　我国乙烯行业不同投资主体产能占比变化情况

投资主体类型		2022 年		2023 年	
		产能（万吨/年）	占比（%）	产能（万吨/年）	占比（%）
大型国有石化企业	中国石油	741	15.5	861	16.7
	中国石化	1141	23.9	1241	24.1
	中国海油	110	2.3	110	2.1
	中化集团	100	2.1	100	1.9
	小计	2092	43.8	2312	44.9
大型煤炭企业		296	6.2	349	6.8
大型民营企业		1235	25.9	1335	25.9
外资企业		507	10.6	507	9.9
其他中小企业		643	13.5	643	12.5
合计		4773	100.0	5146	100.0

3.下游产品的产能增速稳步提升

乙烯消费结构总体稳定，2023 年聚乙烯消耗的乙烯约占乙烯消费总量的 60.2%；其后依次为环氧乙烷、乙二醇和苯乙烯，分别约占乙烯消费总量的 10.9%、9.3%和 8.6%；另有少量乙烯用于生产聚氯乙烯和醋酸乙烯等产品。

2023 年，乙烯下游产品的产能继续快速增长，多数增速有所放缓，其中聚乙烯达到 3271 万吨/年，同比增加 9.7%（五年均值 13.6%）；乙二醇达到 2879 万吨/年，同比增长 14.7%（五年均值 27.1%）；乙丙橡胶维持 40 万吨/年；环氧乙烷达到 886 万吨/年，同比增长 18.0%（五年均值 15.8%）。

2023 年，乙烯下游产品的消费量继续增长，多数增速有所提升，其中聚乙烯达到 4057 万吨，同比增加 6.7%（五年均值 4.5%）；乙二醇达到 2343 万吨，同比增长 13.2%（五年均值 6.9%）；环氧乙烷达到 501 万吨，同比增长 4.9%（五年均值 6.7%）；乙丙橡胶达到 41 万吨，同比减少 2.5%（五年均值-1.3%）。

2023 年，乙烯产业链的产能满足率稳步提升，其中聚乙烯达到 80.5%，同比增加 2.2 个百分点；乙二醇达到 122.3%，同比增加 1.6 个百分点；环氧乙烷达到 176.9%，同比增加 19.5 个百分点；乙丙橡胶达到 95.3%，同比增加 2.4 个百分点，见表 4-1-2。

表 4-1-2 2019—2023 年中国乙烯产品链供需情况

产品		聚乙烯			环氧乙烷	乙二醇	乙丙橡胶
		LDPE	HDPE	LLDPE			
2019 年	产能（万吨/年）	344	757	866	493	1103	47
	消费量（万吨）	607	1529	1267	387	1801	44
	产能满足率（%）	56.6	49.5	68.4	127.3	61.3	107.6

续表

产品		聚乙烯			环氧乙烷	乙二醇	乙丙橡胶
		LDPE	HDPE	LLDPE			
2022年	产能（万吨/年）	464	1322	1196	751	2509	40
	消费量（万吨）	578	1663	1566	477	2078	43
	产能满足率（%）	80.2	79.5	76.4	157.4	120.7	92.9
2023年	产能（万吨/年）	494	1472	1306	886	2879	40
	消费量（万吨）	599	1772	1686	501	2343	41
	产能满足率（%）	82.3	83.0	77.3	176.9	122.3	95.3

4.乙烯下游新增产能相对集中、规模较大

2023年，乙烯产业链新增产能主要集中在乙二醇、环氧乙烷、高密度聚乙烯（HDPE）和线型低密度聚乙烯（LLDPE），分别为370万吨/年、135万吨/年、150万吨/年和110万吨/年；低密度聚乙烯（LDPE）和乙丙橡胶没有新增产能。新增产能主要集中在中国石油和中国石化等少数几家企业，见表4-1-3。

表4-1-3　2023年中国乙烯产品链新增产能情况　　单位：万吨/年

企业	乙烯	HDPE	LLDPE	环氧乙烷	乙二醇
广东石化	120	40	80		
海南炼化	100	30	30	30	80
三江化工	100			60	100
宝丰能源	54	40			
劲海化工	45	40			
盛虹炼化				10	90
新疆中昆					60
陕西榆能					40
恒力石化				30	
扬子石化-巴斯夫				5	
合计	419	150	110	135	370

5.乙烯下游装置开工率变化不一

2023年，乙烯下游产品的产量多数增长，其中聚乙烯达到2797万吨，同比增加10.4%（五年均值12.2%）；乙二醇达到1638万吨，同比增加23%（五年均值19.3%）；环氧乙烷达到501万吨，同比增加4.9%（五年均值6.7%）；乙丙橡胶达到29万吨，同比减少3.3%（五年均值8.1%）。

与上年相比，2023年乙烯下游装置的开工率变化不一。聚乙烯和乙二醇分别为85.5%和56.9%，同比分别增加0.6个百分点和3.8个百分点；环氧乙烷和乙丙橡胶分别为56.5%和74.4%，同比分别下降7.1个百分点和2.5个百分点，见表4-1-4。

表4-1-4 中国乙烯产品链生产情况

产品		聚乙烯			环氧乙烷	乙二醇	乙丙橡胶
		LDPE	HDPE	LLDPE			
2019年	产量（万吨）	273	746	747	387	807	22
	开工率（%）	79.4	98.6	86.2	78.6	73.2	45.7
2022年	产量（万吨）	297	1102	1133	478	1331	30
	开工率（%）	64.0	83.4	94.8	63.6	53.1	76.9
2023年	产量（万吨）	315	1299	1183	501	1638	29
	开工率（%）	63.7	88.3	90.6	56.5	56.9	74.4

6.下游产品总体进口下降、出口增长

2023年，聚乙烯、乙二醇和乙丙橡胶的进口量分别为1344.0万吨、715.0万吨和15.0万吨，同比分别增加0.2%、-3.3%和-2.1%；出口量分别为84.4万吨、10.5万吨和3.5万吨，同比分别增加16.9%、160.7%和12.4%；环氧乙烷由于不能长距离运输，国际间贸易几乎为零，见表4-1-5。

表 4-1-5 中国乙烯产品链进出口情况

产品		聚乙烯			环氧乙烷	乙二醇	乙丙橡胶
		LDPE	HDPE	LLDPE			
2019年	进口量（万吨）	343.0	799.8	523.7	0	994.7	23.4
	出口量（万吨）	8.5	16.5	3.3	0	1.2	1.2
	自给率（%）	44.9	48.8	58.9	100.0	44.8	49.2
2022年	进口量（万吨）	302.3	593.5	450.9	0.0	751.1	15.0
	出口量（万吨）	21.2	32.5	18.6	0.1	4.0	3.1
	自给率（%）	51.3	66.3	72.4	100.0	64.1	71.5
2023年	进口量（万吨）	308.0	517.0	519.0	0	715.0	15.5
	出口量（万吨）	24.1	44.8	15.5	0.1	10.5	3.5
	自给率（%）	52.4	73.3	70.1	100.0	69.6	70.9

7.下游产品价格普遍下跌

2023年，乙烯下游产品价格随着国际油价走低等因素影响，价格普遍下跌，其中LDPE、HDPE、LLDPE、环氧乙烷、乙二醇和乙丙橡胶的全年均价分别为8938元/吨、8289元/吨、8230元/吨、6518元/吨、4077元/吨和21912元/吨，同比分别下跌17%、5%、5%、11%、10%和14%，如图4-1-3所示。

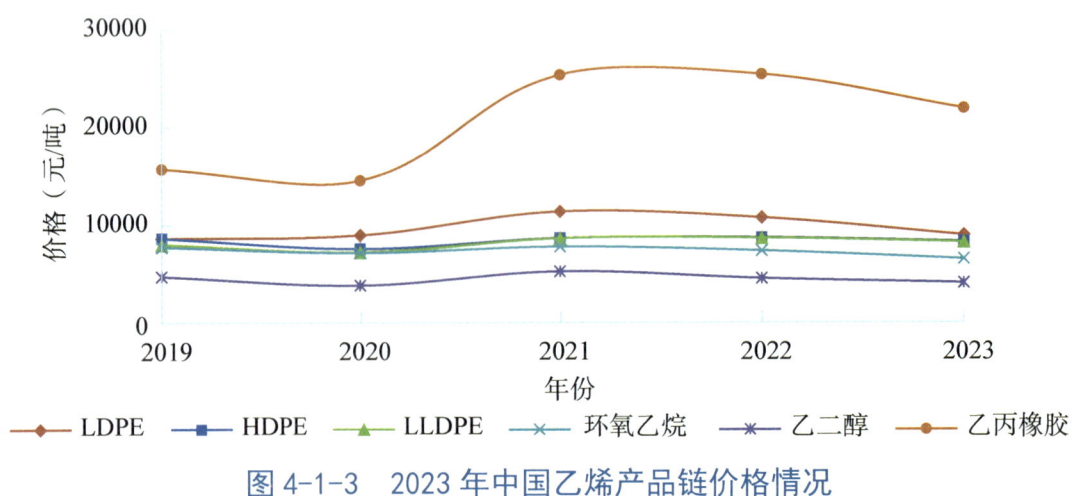

图 4-1-3 2023年中国乙烯产品链价格情况

二、2024年市场发展研判与未来五年展望

2024年国内乙烯当量需求量预计为6801万吨，同比增长4.8%；产能预计达到5846万吨/年，同比增长13.6%；产能满足率预计为85.9%，同比提高5.9个百分点。

1. 全年新增乙烯产能约700万吨/年

根据各企业的规划情况，2024年国内乙烯产能预计新增700万吨/年，其中：裕龙石化300万吨/年、天津南港120万吨/年、埃克森美孚惠州160万吨/年、万华化学120万吨/年。下游LLDPE和HDPE产能分别新增335万吨/年和170万吨/年，乙二醇和环氧乙烷产能分别新增270万吨/年和100万吨/年。

2. 乙烯及下游产品供应将进一步改善

2024年，国内乙烯产能预计达到5846万吨/年，产能满足率增加到85.9%；下游聚乙烯产能预计达到3776万吨/年，产能满足率增加到89.4%；环氧乙烷和乙二醇的产能满足率也将进一步增加，产能过剩程度增加；乙丙橡胶暂无新增产能规划，产能与消费量基本匹配，见表4-1-6。

表4-1-6 2024年中国乙烯产品链供需预测

产品	乙烯	聚乙烯 LDPE	聚乙烯 HDPE	聚乙烯 LLDPE	环氧乙烷	乙二醇	乙丙橡胶
产能（万吨/年）	5846	494	1642	1641	986	3149	40
消费量（万吨）	6801	598	1834	1794	529	2492	41
产能满足率（%）	86.0	82.5	89.5	91.5	186.3	126.4	96.6

3. 预计主要产品价格继续走低，跌幅普遍超过2个百分点

2024年，国内乙烯下游主要产品价格预计将普遍下跌。聚乙烯跌幅将

超过 2 个百分点，乙二醇跌幅将超过 3 个百分点，环氧乙烷和乙丙橡胶跌幅将超过 4 个百分点，见表 4-1-7。

表 4-1-7 2024 年中国乙烯产品链价格预测

产品	LDPE	HDPE	LLDPE	环氧乙烷	乙二醇	乙丙橡胶
2023 年价格（元/吨）	8938	8289	8230	6518	4077	21912
2024 年价格（元/吨）	8753	8095	8031	6221	3939	20915
同比变化（%）	-2.1	-2.3	-2.4	-4.5	-3.4	-4.5

未来五年，预计国内乙烯当量需求量年均增速为 3.6%。到 2028 年，国内乙烯产能预计将达到 7748 万吨/年，产能满足率增加到 100.3%；下游聚乙烯产能将达到 5101 万吨/年，产能满足率增加到 108.1%；环氧乙烷和乙二醇的产能满足率将有所回落，产能过剩现象有所缓解；乙丙橡胶维持产能与消费匹配态势。

第二节 丙烯产品链

一、2023 年市场发展特点

2023 年，国内丙烯当量消费量为 5281 万吨，同比增长 6.9%；产能达到 6379 万吨/年，同比增长 12.5%；产量为 4752 万吨，同比增长 9.6%。产能满足率 120.8%，同比提高 6.1 百分点；自给率为 90.0%，同比提高 2.3 个百分点，如图 4-2-1 所示。

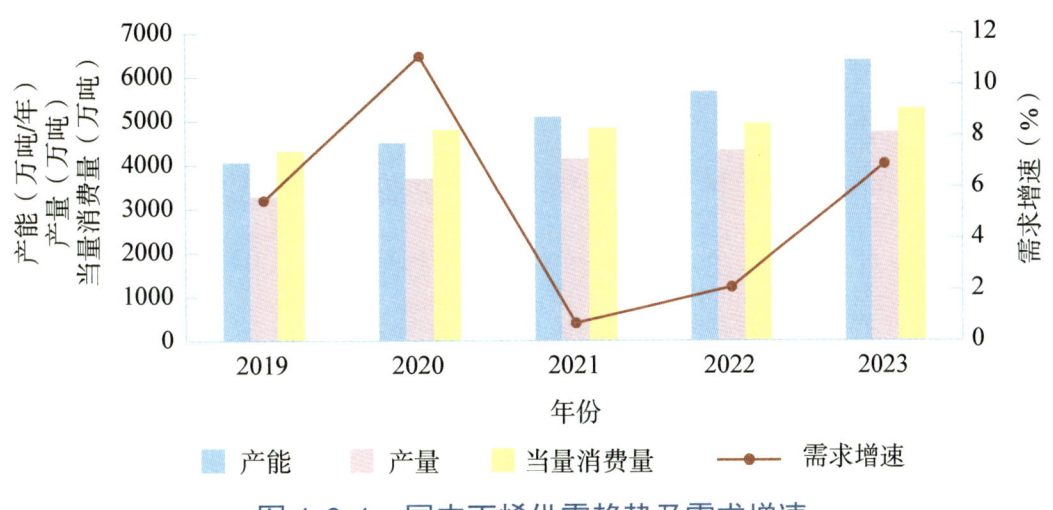

图 4-2-1　国内丙烯供需趋势及需求增速

数据来源：中国石油规划总院

1. PDH 项目成为丙烯产能增长新动力

丙烯生产工艺路线呈多元化发展趋势，包括催化裂化、石脑油裂解、丙烷脱氢（PDH）、煤/甲醇制烯烃（MTO/MTP）等。其中，PDH 表现最为突出，2023 年 PDH 新增产能 465 万吨/年，占新增丙烯产能的 65%，总产能占比大幅提高至 27%，而煤/甲醇制烯烃受效益、环保影响占比缩减至 18%，催化裂化和石脑油/轻烃裂解合计占比下降至 55%，如图 4-2-2 所示。

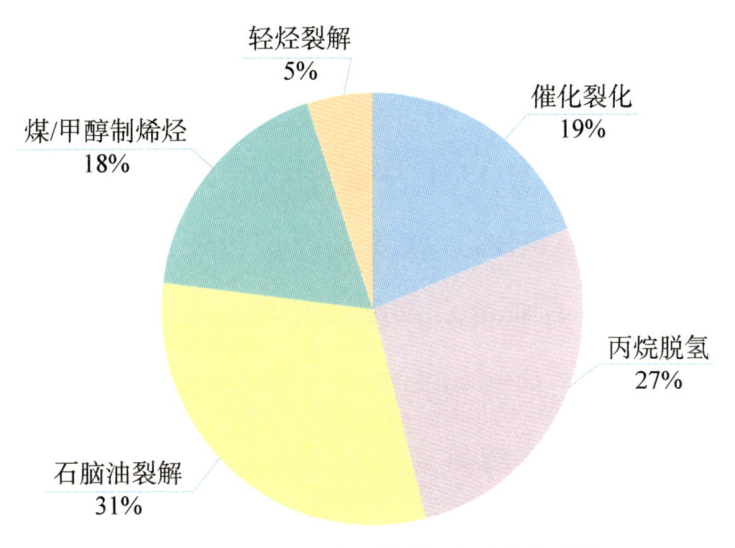

图 4-2-2　2023 年中国丙烯供应路线

2.民营企业市场占比进一步提升

2020 年以来，以浙江石化、恒力石化为代表的新炼化一体化项目和东华能源等企业的 PDH 项目大量投产，民营企业已成为国内丙烯行业的主力军之一。2023 年，国有企业仍保持行业领导者地位，但市场占比有所下降（图 4-2-3）。合资企业及外资企业占比一直较少，且近年产能上升空间有限。2023 年新增丙烯产能中，民营企业占比 61%，国有企业占比 31%，其他占比 8%。

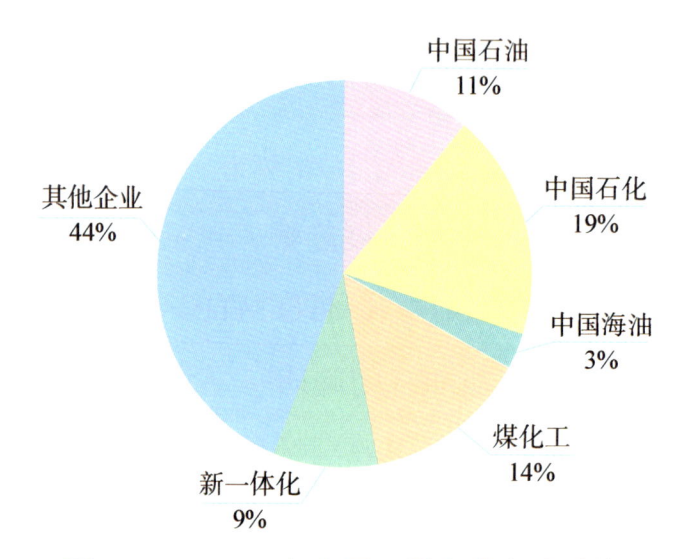

图 4-2-3　2023 年中国丙烯生产主体结构

3.丙烯下游大宗衍生物产能基本处于过剩状态

2023 年，聚丙烯产能为 3931 万吨/年，消费量为 3510 万吨；丙烯腈—丁二烯—苯乙烯共聚物（ABS）和环氧丙烷投资热情高涨，产能分别快速增至 778 万吨/年和 659 万吨/年，产能满足率分别为 114%和 139%，由供不应求变为全面过剩，市场形势较为严峻；聚碳酸酯（PC）和丁醇、辛醇产能较上年小幅增加，其中辛醇供应相对短缺，产能满足率为 91%，不能满足国内需求，部分依赖进口；丙烯酸产能连续多年过剩，2023 年产能为 408 万吨/年，产能满足率达 166%，如图 4-2-4 所示。

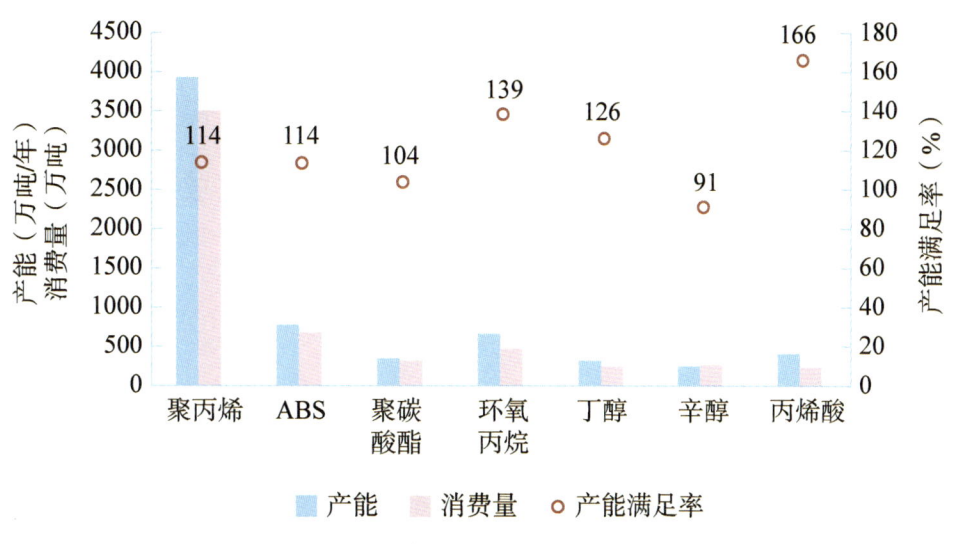

图 4-2-4　2023 年中国丙烯产品链供需情况

4.丙烯下游主要产品进口量下减少

随着国内聚丙烯、ABS、聚碳酸酯等产品供应能力的增强，进口量呈下降态势，自给率不断提升。但中国作为聚氨酯、增塑剂主要需求国，对环氧丙烷、丁醇、辛醇需求增加，同时国外低成本货源不断加大对中国的投放量，环氧丙烷、丁醇、辛醇进口显著增加，同比分别增加 17%、19% 和 107%。丙烯酸延续净出口态势，2023 年净出口量为 8 万吨，同比降低 11%，见表 4-2-1。

表 4-2-1　中国丙烯产品链进出口情况

产品		聚丙烯	ABS	聚碳酸酯	环氧丙烷	丁醇	辛醇	丙烯酸
2018 年	进口量（万吨）	479	201	142	28	20	19	3
	出口量（万吨）	36	5	26	3	1	2	12
	自给率（%）	82	64	39	92	91	93	107
2022 年	进口量（万吨）	451	137	139	30	16	15	4
	出口量（万吨）	127	8	29	1	2	7	13
	自给率（%）	90	77	62	93	94	97	104
2023 年	进口量（万吨）	412	108	104	35	19	31	4
	出口量（万吨）	131	14	36	0	0	3	12
	自给率（%）	91	86	76	90	92	91	101

5.价格跌至近三年新低

2023 年，丙烯及下游产能加速放量，产能过剩格局进一步加剧，但需求增速不及供应增速，加之终端需求不旺，价格整体呈下滑态势，全产业链产品价格同比平均下跌 10.1%，如图 4-2-5 所示。

图 4-2-5 2023 年中国丙烯产品链价格情况

二、2024 年市场发展研判与未来五年展望

2024 年，国内丙烯当量需求量预计为 5576 万吨，同比增长 5.6%；产能预计达到 7229 万吨/年，同比增长 13.3%；产能满足率预计为 129.6%，同比增加 8.8 个百分点。

1.丙烯产能继续扩张

2024 年，丙烯拟投产产能中，PDH 占比 75%，炼化一体化占比 15%，催化裂化及煤化工占比 10%。由于行业利润收缩明显，新增产能投放进度将会有所放缓，部分可能有所推迟，预计 2024 年丙烯总产能达到 7229 万吨/年。

2.丙烯当量消费进一步扩大

随着下游行业产能的逐步新增，国内丙烯消费量将持续提升。丙烯新增产能下游配套以聚丙烯、环氧丙烷为主，特别是PDH装置下游大多配套聚丙烯，下游供应压力继续增加，产能满足率普遍增加，市场竞争将愈发激烈。预计2024年丙烯当量消费量为5576万吨，见表4-2-2。

表4-2-2　2024年中国丙烯产品链供需预测

产品	丙烯	聚丙烯	ABS	聚碳酸酯	环氧丙烷	丁醇	辛醇	丙烯酸
产能（万吨/年）	7229	4591	1004	365	769	346	277	424
消费量（万吨）	5576	3699	804	341	505	268	291	254
产能满足率（%）	130	124	125	107	152	129	95	167

3.丙烯产业链价格回升动力不足

2024年，原油价格仍维持中高位运行，下游需求随着经济改善而继续修复，对石化产品价格提升有正向促进作用，但由于丙烯产业链供应延续快速扩张态势，产品价格随着新产能投放而继续大幅承压，价格及盈利能力回升有限，预计2024年丙烯下游主要产品价格维持低位运行，见表4-2-3。

表4-2-3　2024年中国丙烯产品链价格预测

产品	聚丙烯	ABS	聚碳酸酯	环氧丙烷	丁醇	辛醇	丙烯酸
2023年价格（元/吨）	7610	10417	14201	9483	8119	10518	6347
2024年价格（元/吨）	7568	10201	14254	9116	8023	10233	6236
同比变化（%）	-0.5	-2.1	0.4	-3.9	-1.1	-2.7	-1.7

未来五年，国内丙烯及下游新产能投放进度放缓，行业进入优胜劣汰阶段。预计到2028年丙烯当量消费量为6651万吨，年均增速4.7%，新增需求主要来自聚丙烯和环氧丙烷的拉动。

第三节 丁二烯产品链

2023年，国内丁二烯当量消费量为539.5万吨，同比增长13.3%；产能达到618.6万吨/年，同比增长5.8%；产量为459.6万吨，同比增长9.0%。产能满足率为114.7%，同比减少6.6百分点；自给率为85.2%，同比减少3.7个百分点，如图4-3-1所示。

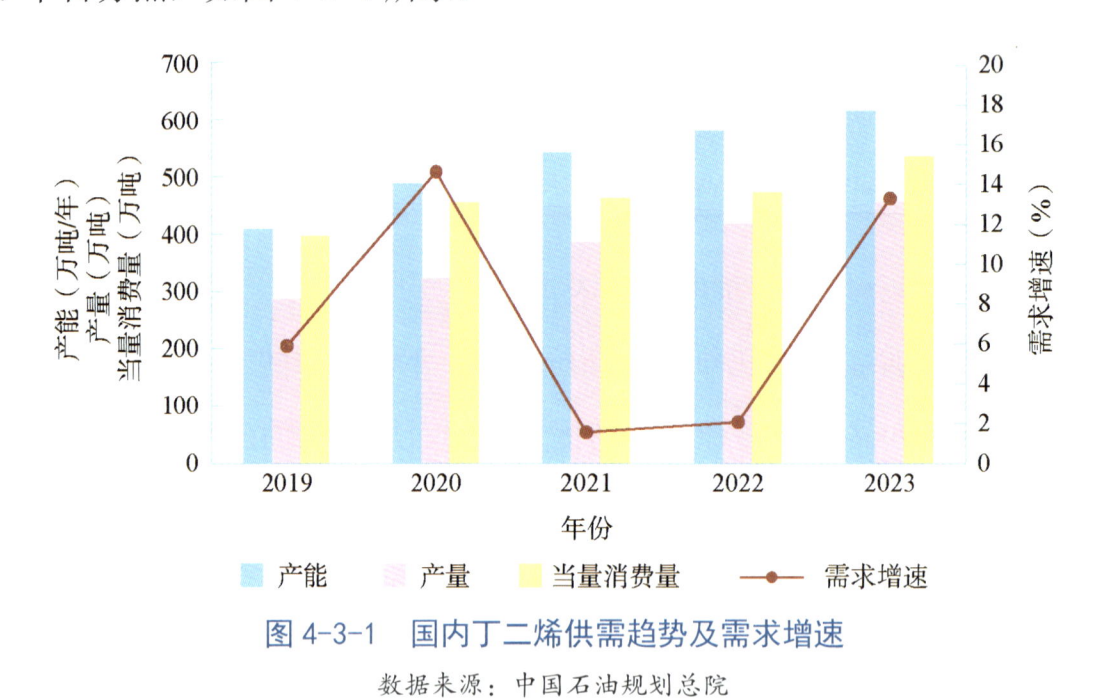

图4-3-1 国内丁二烯供需趋势及需求增速

数据来源：中国石油规划总院

一、2023年市场发展特点

1.丁二烯产能仍处于扩张高峰期

近年来，国内民营企业和合资企业上马大量炼化一体化项目，丁二烯产能处于扩张高峰期，2023年达到618.6万吨/年，同比增长5.8%。

2023年，丁二烯产业链新增产能主要集中在顺丁橡胶、丁苯橡胶和苯乙烯—丁二烯嵌段共聚物（SBS），分别为10万吨/年、6万吨/年和12万吨/年；

丁腈橡胶没有新增产能。新增产能主要集中在浙江石化和海南巴陵化工新材料，见表4-3-1。

表4-3-1 2023年中国丁二烯产品链新增产能情况　　单位：万吨/年

企业名称	丁二烯	顺丁橡胶	丁苯橡胶	SBS
三江化工	8			
广东石化	11			
浙江石化		10	6	
海南巴陵化工新材料				12
合计	19	10	6	12

2.下游产品产能增速低于消费增速

2023年，丁二烯消费结构总体变化不大，顺丁橡胶和丁苯橡胶分别占丁二烯总消费量的33.3%和20.4%。ABS和SBS占比维持在第三位和第四位，分别为18.2%和14.6%。丁腈橡胶属于高端热点胶种，消耗了4.5%的丁二烯，如图4-3-2所示。

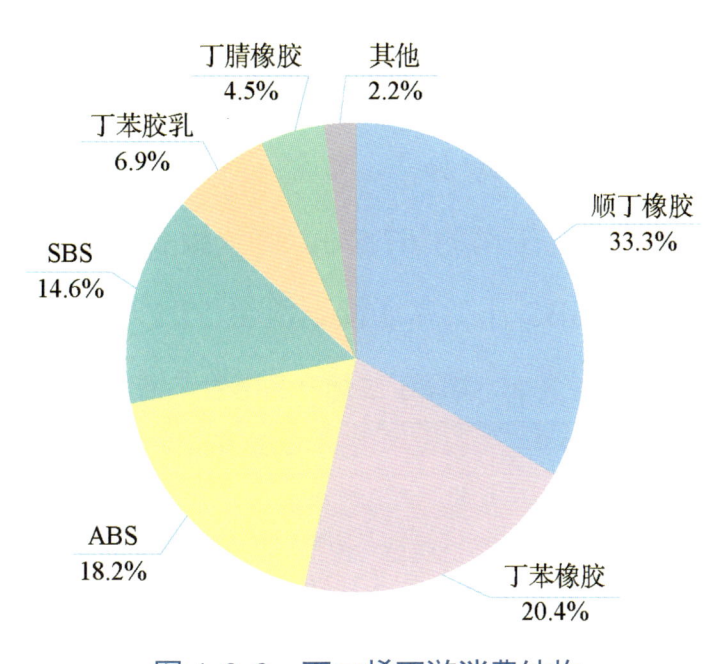

图4-3-2 丁二烯下游消费结构

丁二烯下游产品的产能稳步增长，其中：顺丁橡胶达到 186.2 万吨/年，同比增长 5.7%；丁苯橡胶达到 183 万吨/年，同比增长 3.3%；SBS 达到 171 万吨/年，同比增长 7.5%；丁腈橡胶维持 27.5 万吨/年。

丁二烯下游产品的消费量快速提升，其中：顺丁橡胶达到 133 万吨，同比增长 8.3%；丁苯橡胶达到 148.5 万吨，同比增长 5.2%；SBS 达到 90 万吨，同比增长 8.7%；丁腈橡胶达到 29.7 万吨，同比增长 8%。

丁二烯产业链的产能满足率出现下滑，其中：顺丁橡胶为 140%；丁苯橡胶为 123.2%；SBS 为 190%；丁腈橡胶为 92.6%，见表 4-3-2。

表 4-3-2　中国丁二烯产品链供需情况

产品	2019 年 产能（万吨/年）	2019 年 消费量（万吨）	2019 年 产能满足率（%）	2022 年 产能（万吨/年）	2022 年 消费量（万吨）	2022 年 产能满足率（%）	2023 年 产能（万吨/年）	2023 年 消费量（万吨）	2023 年 产能满足率（%）
顺丁橡胶	161.2	113.1	142.5	176.2	122.8	143.5	186.2	133	140.0
丁苯橡胶	167	137.3	121.6	177	141.2	125.4	183	148.5	123.2
SBS	141.5	83.4	169.7	159.0	82.8	192.0	171	90	190.0
丁腈橡胶	24	24.5	98.0	27.5	29.2	94.2	27.5	29.7	92.6

3.下游装置开工率总体增加

2023 年，顺丁橡胶开工率为 67.5%，丁苯橡胶开工率为 70.2%，丁腈橡胶开工率达到 88%，SBS 开工率连续下滑至 53.3%，见表 4-3-3。

表 4-3-3　中国丁二烯产品链生产情况

产品	2019 年 产量（万吨）	2019 年 开工率（%）	2022 年 产量（万吨）	2022 年 开工率（%）	2023 年 产量（万吨）	2023 年 开工率（%）
顺丁橡胶	97.7	60.6	117.6	66.7	125.7	67.5
丁苯橡胶	101.9	61.0	121.7	68.8	128.5	70.2
SBS	83.8	59.2	87.7	55.2	91.2	53.3
丁腈橡胶	17.4	72.5	23.5	85.5	24.2	88.0

4.产业链市场主体两分格局明显

顺丁橡胶和丁苯橡胶市场两分格局明显，国企占据产能半壁江山。传统镍系顺丁橡胶产能向稀土顺丁橡胶倾斜；乳聚丁苯橡胶产能过剩，溶聚丁苯橡胶产能稳步增长。SBS 和丁腈橡胶领域民企优势明显，中国石油和中国石化虽有产能，但份额不高，见表 4-3-4。

表 4-3-4 2023 年中国丁二烯产品链市场主体结构   单位：%

企业名称	顺丁橡胶	丁苯橡胶	SBS	丁腈橡胶
中国石油	19.7	33.7	0	36.4
中国石化	33.4	29.2	37.1	0
新一体化	4.9	3.2	0	0
合资和外资	0	0	32.4	40
其他企业	42	33.9	30.5	23.6

5.下游产品进出口量增长

2023 年，丁二烯下游产品进口量、出口量均呈增长态势，见表 4-3-5。

表 4-3-5 中国丁二烯产品链进出口情况

产品	2019 年 进口量（万吨）	2019 年 出口量（万吨）	2019 年 自给率（%）	2022 年 进口量（万吨）	2022 年 出口量（万吨）	2022 年 自给率（%）	2023 年 进口量（万吨）	2023 年 出口量（万吨）	2023 年 自给率（%）
顺丁橡胶	20.2	4.8	86.4	19.5	14.4	95.8	25.6	18.1	94.5
丁苯橡胶	37.6	2.2	74.2	30.7	11.1	86.1	36.5	16.1	86.6
SBS	3.1	3.4	100.4	2.6	7.4	105.8	6.9	7.9	101.4
丁腈橡胶	8.4	1.3	71.2	7.6	1.9	80.7	8.4	3.3	81.7

SBS 大量产品远销欧美、印度等地区，是为数不多能够打入发达国家市场的橡胶产品，但是高端胶黏剂领域所需产品仍需进口。

6.价格持续回落至近三年最低

尽管丁二烯产业链供应增速不及需求，产能过剩状况得到一定缓解，

但产业链价格整体呈下滑态势。2023 年，顺丁橡胶、丁苯橡胶、SBS、丁腈橡胶全年均价分别为 11538 元/吨、11532 元/吨、12333 元/吨、14889 元/吨，分别下跌 12%、4%、8%、22%，如图 4-3-3 所示，全产业链产品价格同比平均下跌 5.2%。

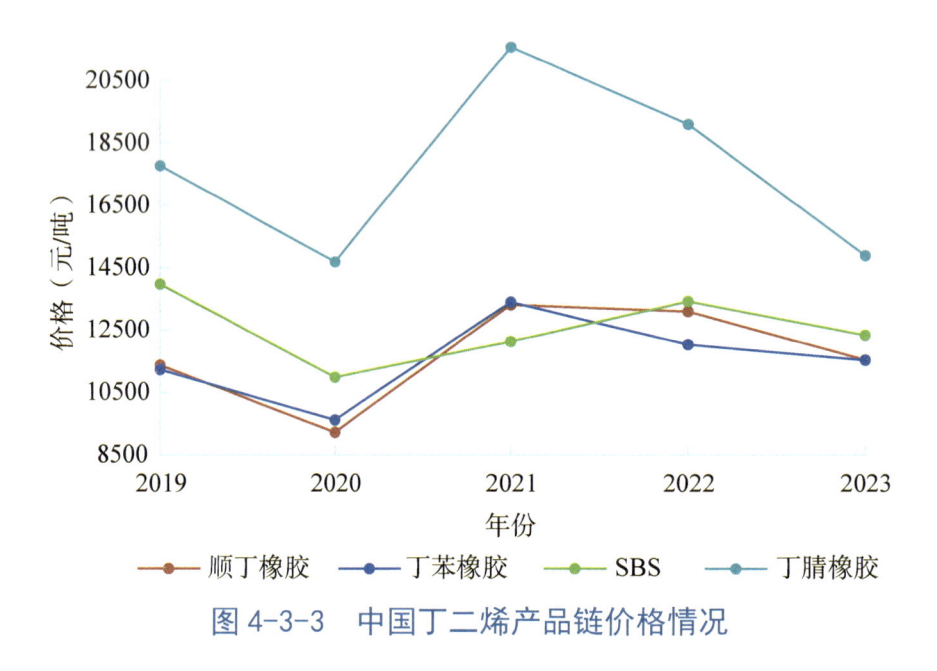

图 4-3-3 中国丁二烯产品链价格情况

二、2024 年市场发展研判与未来五年展望

2024 年，预计国内丁二烯当量需求量为 571.5 万吨，同比增长 6.0%；产能达到 759 万吨/年，同比增长 22.7%；产能满足率为 132.8%，同比提高 3.8 个百分点。

1.产能继续扩张

丁二烯 2024 年拟投产能为 77 万吨/年，其中：裕龙石化 40 万吨/年、天津南港 17 万吨/年、埃克森美孚惠州 20 万吨/年，国内市场竞争进一步加剧。顺丁橡胶市场接近成熟，未来没有规划产能。乳聚丁苯橡胶产能过剩，溶聚丁苯橡胶缺口明显。SBS 新增产能集中释放，消费增长未能跟上。丁腈橡胶自 2022 年扩能后继续扩张，高端牌号成长空间广阔。

2.当量消费进一步扩大

丁二烯下游行业产能不断扩大，配套以丁苯橡胶和SBS为主，预计2028年丁二烯的当量消费量为707.6万吨，见表4-3-6。

表4-3-6　中国丁二烯产品链供需预测

产品	2023年 产能（万吨/年）	2023年 消费量（万吨）	2023年 产能满足率（%）	2024年 产能（万吨/年）	2024年 消费量（万吨）	2024年 产能满足率（%）	2028年 产能（万吨/年）	2028年 消费量（万吨）	2028年 产能满足率（%）
丁二烯	690	539.5	127.90	759	571.7	132.8	916	707.6	129.5
顺丁橡胶	186.2	133	140.00	186.2	138.6	134.3	186.2	158.5	117.5
丁苯橡胶	183	148.5	123.23	189	152.4	124.0	213.5	162.6	131.3
SBS	171	90	190.00	183.5	91.9	199.7	222.5	93.1	239.0
丁腈橡胶	27.5	29.7	92.59	31.5	31.2	101.0	40	35.2	113.6

3.价格回升动力不足

丁二烯扩能延续加剧市场竞争，导致产业链价格承压，回升动力不足。预计2024年，丁苯橡胶、SBS、丁腈橡胶价格维持低位运行，顺丁橡胶由于无新增产能，其产品价格有所回升，见表4-3-7。

表4-3-7　中国丁二烯产品链价格预测

产品	顺丁橡胶	丁苯橡胶	SBS	丁腈橡胶
2023年价格（元/吨）	11538	11532	12333	14889
2024年价格（元/吨）	11930	11040	11850	14600
同比变化（%）	3.4	-4.3	-3.9	-1.9

第四节　芳烃产品链

一、2023年市场发展特点

2023年，国内主要芳烃产品消费量为7993.8万吨，同比增长17.1%；产能达到8636.3万吨/年，同比增长18.8%；产量为6704.0万吨，同比增长24.5%；产能满足率为90.1%，同比下降16.4个百分点；自给率为83.9%，同比提高5个百分点，如图4-4-1所示。

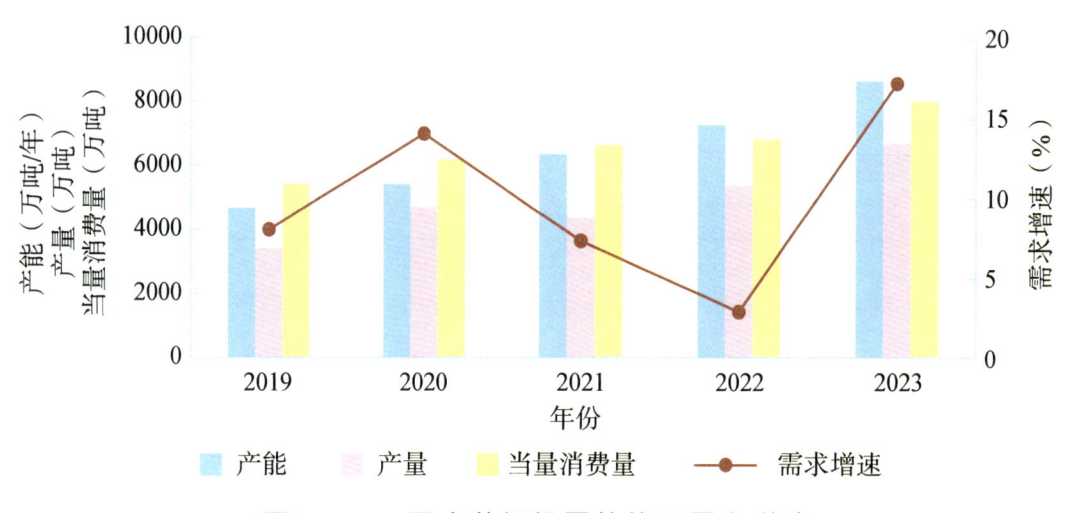

图4-4-1　国内芳烃供需趋势及需求增速

数据来源：中国石油规划总院

1.芳烃产品链产能持续扩张

2023年，纯苯新增产能216万吨/年，产能满足率下降6.6%，开工率上升7.8%，市场供应趋紧；苯乙烯新增产能383万吨/年，产能满足率上升9.5%，开工率下降4.3个百分点；对二甲苯（PX）新增产能770万吨/年，产能满足率上升3.2个百分点，见表4-4-1和表4-4-2。

表 4-4-1　中国芳烃产品链供需情况

产品		纯苯	苯乙烯	PX
2019 年	产能（万吨/年）	1489.2	942.2	2254.0
	消费量（万吨）	1278.4	1183.2	2963.8
	产能满足率（%）	116.5	79.6	76.1
2022 年	产能（万吨/年）	2014.1	1759.2	3494.0
	消费量（万吨）	1885.7	1414.7	3525.2
	产能满足率（%）	106.8	124.4	99.1
2023 年	产能（万吨/年）	2230.1	2142.2	4264.0
	消费量（万吨）	2228.0	1601.0	4160.0
	产能满足率（%）	100.2	133.9	102.3

表 4-4-2　中国芳烃产品链生产情况

产品		纯苯	苯乙烯	PX
2019 年	产量（万吨）	1088.0	864.1	1470.0
	开工率（%）	73.1	91.7	65.2
2022 年	产量（万吨）	1554.2	1356.6	2475.4
	开工率（%）	77.2	77.1	70.8
2023 年	产量（万吨）	1895.2	1558.6	3249.5
	开工率（%）	85.0	72.8	76.2

2.新一体化企业异军突起

2023 年，盛虹炼化新增 PX 产能 200 万吨/年、苯乙烯产能 3 万吨/年，浙江石化新增苯乙烯产能 130 万吨/年。在市场主体结构中，新一体化企业近年来呈现赶超态势，纯苯与苯乙烯产能占比分别为 23.9%和 17.9%，PX 产能占比居于首位，达到 38.5%。中国石油和中国石化产能占比有所下降，见表 4-4-3 和表 4-4-4。

表 4-4-3　2023 年中国芳烃产品链市场主体结构　　　　　单位：%

企业名称	纯苯	苯乙烯	PX
中国石油	15.9	9.7	12.9
中国石化	26.1	18.1	17.3
中国海油	8.7	8.4	9.7
新一体化	23.9	17.9	38.5
其他企业	25.4	45.9	21.6

表 4-4-4　2023 年中国芳烃产品链新增产能　　　　　单位：万吨/年

企业名称	纯苯	苯乙烯	PX
大榭石化	25		160
惠州石化	52		150
海南炼化	40		
安庆石化	10	40	
利华益利津炼化	20		
龙江化工	20		
金澳科技（湖北）	5		
弘润石化（潍坊）	19		
淄博峻辰新材料	15	50	
三江化工	10		
连云港石化		60	
盛虹炼化		3	200
广东石化		80	260
浙江石化		130	
宁夏宝丰		20	
合计	216	383	770

3.进出口量有降有升

2023 年，纯苯进口与出口双增长，净进口量为 333.0 万吨，自给率上升 2.8 个百分点。苯乙烯进口与出口双下降，净进口量降至 42.0 万吨，自给率上升 1.5 个百分点。PX 进口量与出口量双下降，净进口量降至 910.0 万吨，自给率上升 7.8 个百分点，见表 4-4-5。

表 4-4-5 中国芳烃产品链进出口情况

产品		纯苯	苯乙烯	PX
2019 年	进口量（万吨）	193.9	324.3	1493.8
	出口量（万吨）	3.6	5.2	0.0
	自给率（%）	85.1	73.0	49.6
2022 年	进口量（万吨）	332.2	114.3	1058.2
	出口量（万吨）	0.7	56.3	8.5
	自给率（%）	82.4	95.9	70.2
2023 年	进口量（万吨）	336.0	79.0	911.0
	出口量（万吨）	3.0	37.0	1.0
	自给率（%）	85.2	97.4	78.0

4.价格同比下降

受成本端原油价格下行影响，2023 年纯苯平均价格为 7266 元/吨，同比下降 10%；苯乙烯平均价格为 8431 元/吨，降幅为 9%；PX 平均价格为 1042 美元/吨，降幅为 6%，如图 4-4-2 所示。

图 4-4-2 中国芳烃产品链价格情况

二、2024年市场发展研判与未来五年展望

2024年，国内芳烃当量需求量8636万吨，同比增长8.0%；产能达到9066万吨/年，同比增长5%；产能满足率为111%，同比下降1个百分点。

1.纯苯和苯乙烯产能增加

预计2024年，纯苯新增产能218万吨/年，其中裕龙石化新增130万吨/年。苯乙烯新增产能212万吨/年，其中京博石化为60万吨/年。PX无新增产能。2024年中国芳烃产品链新增产能计划见表4-4-6。

表4-4-6　2024年中国芳烃产品链新增产能计划　　单位：万吨/年

企业名称	纯苯	苯乙烯
金诚石化	10	
中石化英力士（天津）石化	11	
万华化学（烟台）	15	
裕龙石化	130	50
吉林石化	18	
独山子石化	16	
乌鲁木齐石化	8	
大榭石化	10	
洛阳石化		12
京博石化		60
江苏虹威化工		45
福建海泉化学		45
合计	218	212

2.价格走势各异

基于供需基本面分析，2024年纯苯价格同比变化较小，上涨0.7%；苯乙烯价格呈下行趋势，同比下降2.4%；PX价格涨幅明显，同比上升4.8%，见表4-4-7。

表 4-4-7 中国芳烃产品链价格预测

产品	纯苯	苯乙烯	PX
2023 年价格（元/吨）	7266	8431	1042[①]
2024 年价格（元/吨）	7316	8231	1092[①]
同比变化（%）	0.7	-2.4	4.8

①价格单位为美元/吨。

第五节 重点化工新材料

一、2023 年市场发展特点

2023 年，国内茂金属聚乙烯（mPE）消费量 260 万吨，同比增长 4.0%；产能达到 217 万吨/年，同比增长 24.0%；产量 45 万吨，同比增长 12.5%；产量自给率 17.3%，同比提高 8.2 个百分点，如图 4-5-1 所示。

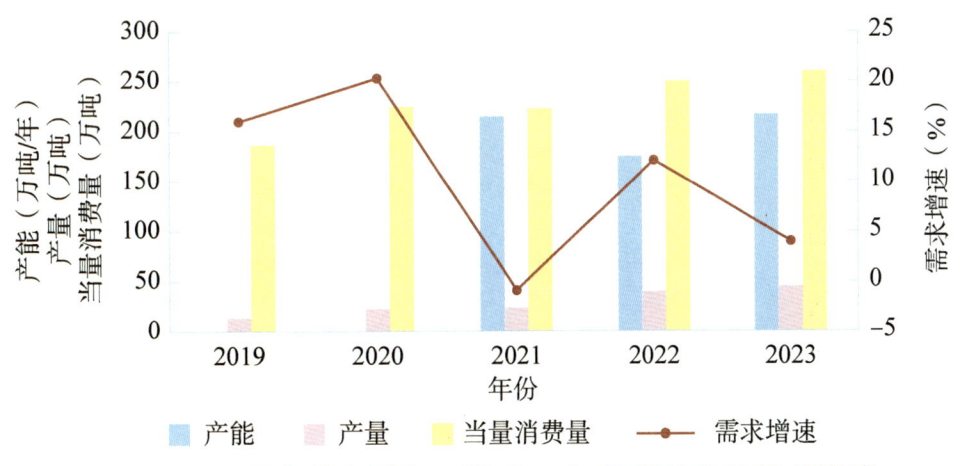

图 4-5-1 国内茂金属聚乙烯（mPE）供需趋势及需求增速

数据来源：中国石油规划总院

2023 年国内乙烯—醋酸乙烯共聚物（EVA）消费量 315 万吨，同比增长 10.5%；产能达到 245 万吨/年，同比增长 14.0%；产量 203 万吨，同比增长 14.7%；产能满足率 77.7%，同比提高 3.1 个百分点；产量自给率 64.4%，同比提高 3.8 个百分点，如图 4-5-2 所示。

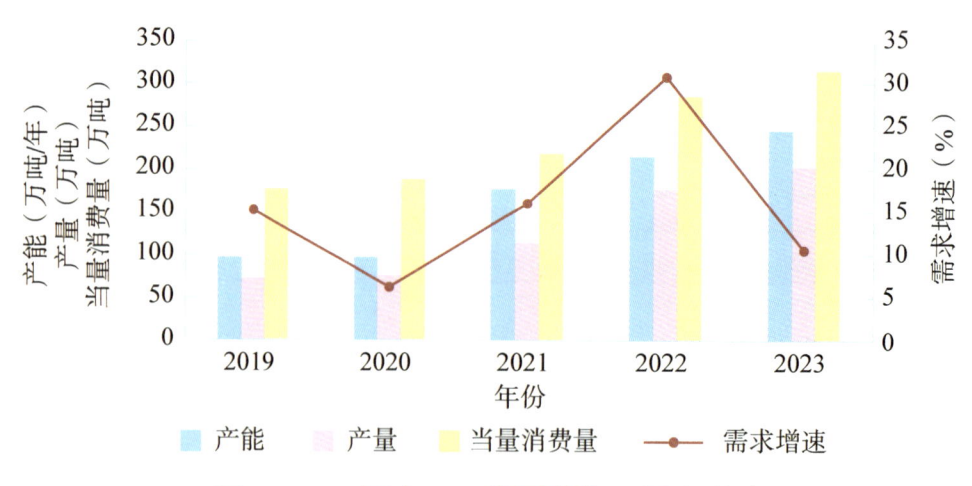

图 4-5-2 国内 EVA 供需趋势及需求增速

数据来源：中国石油规划总院

2023年国内聚甲醛（POM）消费量74万吨，同比增长1.4%；产能达到55万吨/年，同比增长22.2%；产量44万吨，同比增长2.3%；产能满足率74.1%，同比提高20.7%；产量自给率59.5%，同比提高0.9个百分点，如图4-5-3所示。

图 4-5-3 国内聚甲醛（POM）供需趋势及需求增速

数据来源：中国石油规划总院

1.从依赖进口向国产替代转变

茂金属聚乙烯主要依赖进口，茂金属聚乙烯由乙烯和 α-烯烃共聚而成，其中 α-烯烃主要包括 1-丁烯、1-己烯和 1-辛烯，目前国内只有 1-丁烯和

1-己烯生产能力，1-辛烯还处在中试阶段。随着国产 α-烯烃产量增加，茂金属聚乙烯产量也明显提升，2023 年国内茂金属聚乙烯产量提升至 45 万吨。国产化方面不断优化茂金属催化剂性能，同时研发新型茂金属催化剂体系和负载化体系，未来结合茂金属催化剂，加强茂金属聚乙烯新产品开发力度，早日实现产品结构向高端化转型。

2019—2023 年，中国的 EVA 行业正处于不断成长的阶段。2018—2020 年 EVA 无新产能投放，随着煤制烯烃工业的兴起，民营企业相继涌入，供给主体开始多元化，2021 年 EVA 行业新一轮产能扩张期再度开启。2021—2023 年新增产能加上扩能共计 147.8 万吨/年，2023 年 EVA 总产能达到 245 万吨/年，产能扩张率 152%，行业规模大幅度扩张。

2019—2022 年，中国聚甲醛（POM）产能变化并不突出，增长率相对缓慢，且低端产能竞争仍较为激烈，中高端产能仍呈现供不应求状态。2023 年国内 POM 行业迎来投产热潮，在面对经济下行压力的背景下，弥补 POM 中高端市场的缺口仍为主要动力来源，以降低国内市场对进口原材料的依赖性，提高国产料的市场占有率，打开高端领域市场的大门，从而保障 POM 产业的可持续发展。

中国重点化工新材料供需情况见表 4-5-1，生产情况见表 4-5-2。

表 4-5-1 中国重点化工新材料供需情况

	产品	mPE	EVA	POM
2019 年	产能（万吨/年）	N/A	97	41
	消费量（万吨）	187	177	65
	产能满足率（%）	N/A	55.0	63.4
2022 年	产能（万吨/年）	N/A	215	45
	消费量（万吨）	250	285	73
	产能满足率（%）	N/A	75.4	61.4

续表

	产品	mPE	EVA	POM
2023年	产能（万吨/年）	N/A	245	55
	消费量（万吨）	260	315	74
	产能满足率（%）	N/A	77.7	74.1

注：N/A 表示无法统计。目前尚无完全单独生产茂金属聚乙烯（mPE）的装置，mPE 生产需依托现有聚乙烯生产装置。

表 4-5-2　中国重点化工新材料生产情况

	产品	mPE	EVA	POM
2019年	产量（万吨）	14	73	35
	开工率（%）	N/A	75.1	86.3
2022年	产量（万吨）	40	177	43
	开工率（%）	N/A	82.1	96.7
2023年	产量（万吨）	45	203	44
	开工率（%）	N/A	82.9	79.3

2.价格总体呈现 V 形走势

2023 年上半年在供需双弱的背景下，茂金属聚乙烯市场价格下降明显；下半年在降负前提下价格有所回升，但内外需求有限，价格回升相对缓慢。2023 年从成本端来看，原油价格同比上年有所下降，但原油跌幅不及茂金属聚乙烯价格下跌幅度，导致茂金属聚乙烯上游利润处在亏损边缘，部分上游企业出现降低负荷以支撑价格的情况。相比之下，乙烷制茂金属聚乙烯优势明显。梳理近三年的乙烷进口到岸价发现，2023 年进口乙烷价格已低于 2022 年价格。乙烷的成本优势导致 2023 年北美产区茂金属输出量明显增加。

近年来，在全球推动绿色能源和国家大力推动光伏发电的背景下，EVA 行业快速发展。2021 年新一轮扩能周期开启后，EVA 行业产能集中释放，供应规模和竞争格局瞬息万变。2023 年初，国内新冠疫情管控解除，政策烘托下，市场迎来一波补偿性消费，但 EVA 下游终端需求恢复不及预期，尤其是传统发泡鞋材等行业出口萎缩严重。而新投产能的释放，使得供应端持续承压，供需失衡矛盾激化，EVA 行业持续承压运行，整体步入下行通道，价格始终在低谷徘徊，行业利润萎缩接近 50%。下半年 EVA 国内需求有所提振，行情呈现上涨走势，但整体上涨幅度不大。

2023 年全球经济发展增速放缓，能源价格持续上涨，进一步加剧生产企业成本压力。在多重外围因素阻力下，2023 年国内 POM 供应市场迎来重新布局，现货市场价格创造近三年最低点。下半年 POM 市场借助货源紧张利好时机实现行情反转，在各地炒涨氛围烘托下，POM 市场再度攀升至高位。

二、2024 年市场发展研判与未来五年展望

预计 2024 年国内茂金属聚乙烯需求量 279 万吨，同比增长 7.3%；产能达到 400 万吨/年，同比增长 84.3%；产能满足率 143.6%，同比提高 72%。

预计 2024 年国内 EVA 需求量 498 万吨，同比增长 58.0%；产能达到 294 万吨/年，同比增长 20.0%；产能满足率 59.0%，同比下降 24.1%。

预计 2024 年国内 POM 需求量 75 万吨，同比增长 1.2%；产能达到 74 万吨/年，同比增长 34.5%；产能满足率 98.5%，同比提高 32.9%。

1.价格呈现 M 形走势

2024 年中国茂金属聚乙烯供应增速要高于需求增速，一方面，全球供应竞争加剧，具备成本优势的茂金属聚乙烯扩增茂金属消费市场；另一方面，国产茂金属聚乙烯的增量明显。供大于求加剧价格震荡下行，预计 2024 年茂金属聚乙烯在供需矛盾背景下价格下行。

预计 2024 年中国 EVA 市场现货价格呈现 M 形走势。一季度，主流下游光伏产业链供需平衡导致需求逐渐提升，国内和海外光伏级 EVA 需求复

苏。另一主力发泡鞋材需求将有所提升，但考虑新增产能或将在一季度逐步稳定生产，预计一季度末价格触底反弹后震荡为主。二季度至三季度下游光伏需求旺季，随着产业链上游成本回归，供需平衡态势下，阶段性震荡调整后，需求预计有强势表现，将带动 EVA 价格走强。而进入四季度，随着需求回落，光伏和电缆淡季影响，需求或有阶段性萎缩，加上年底又有新产能投产，价格跌势预计将有所增大。

预计 2024 年国内 POM 现货价格呈现 M 形走势，全年将呈现季节性波动行情。具体来看，1—3 月受元旦、春节等假期影响，加之 POM 价格处于相对低位，将有集中备货行为，预计价格将处于低位。4—7 月终端工厂相继复工，进入传统需求淡季，终端开工负荷维持低位，库存消化能力有限，因此 POM 价格将继续承压下行。8—9 月结合往年情况来看，消费需求将逐步释放，订单情况有所好转，预计出现价格小幅上涨现象。10—12 月进入国内 POM 装置集中检修季，同时新增产能陆续投放，由于投产周期的不确定性，POM 价格将下跌，但下跌幅度有限。

我国重点化工新材料价格预测见表 4-5-3。

表 4-5-3　中国重点化工新材料价格预测

产品	mPE	EVA	POM
2023 年价格（元/吨）	9087	14506	15107
2024 年价格（元/吨）	9033	12900	13950
同比变化（%）	-1.9	-11.1	-7.7

2.市场竞争将加剧

2024—2028 年中国茂金属聚乙烯新增产能 528 万吨/年，集中在 2025—2027 年投产，2024 年投产企业为中海壳牌三期、埃克森美孚惠州及英力士天津石化，共计 3 套装置，预计产能释放多集中在 2025 年。届时华南区域茂金属聚乙烯供应将明显增加，并将由输入型区域转变为输出型区域。聚乙烯其他投产装置在单体和催化剂供应稳定的基础上也可进行生产，未来茂金属聚乙烯的增量可能较大。2023年国内已投高 α-烯烃产量为47万吨，2027年前国内高 α-烯烃继续扩增23万吨左右，未来聚乙烯产业升级，茂金属聚乙烯供应增加成为趋势。预计2027年茂金属聚乙烯产量达到峰值，产量提升235万吨。2025年产量增幅明显，2025年预计国产量同比提高167.5%，主要是由于中海壳牌三期、洛阳石化2025年投产，叠加2024年产能的集中释放，2025年国内产量大幅提升。预计2024年产量保持高速扩增态势，同比提升34.12%。英力士天津石化和裕龙石化后续转向生产茂金属聚乙烯，并且国内其他石化企业为巩固下游企业市场份额，2025年之前也将大力生产茂金属聚乙烯，国产量呈现逐年递增态势。未来五年，中国茂金属聚乙烯产品消费量预计将会继续维持增长趋势。随着人民消费水平的提升，消费品的不断升级，预计2024年中国茂金属聚乙烯的消费量将会达到283万吨，较2023年增加9.33%。随着新装置的陆续投产及国内产能的释放，2026年消费量预计达到390万吨。2027—2028年产能释放下降，市场逐步趋于饱和，需求增速将会减缓，2028年中国茂金属聚乙烯的消费量将达446万吨，年均增速下降至9.19%。

未来五年，EVA产品行业拟在建产能将超过500万吨/年，暂无退出产能计划。拟在建产能中，规模全在30万吨/年以上，新增产能主要分布在华东、东北、华南及西南地区。此外，多个拟建企业配套有上游产品装置，从而实现产业链规模化发展，降低采购及运输等经营成本的目标。不过，由于2023年新增产能集中投放后，EVA行业供应局面将有基本平衡到过剩发展，或将影响后期部分新产能投放进度。展望未来，在技术推进和政策

支持下，我国和全球光伏装机量预计在未来五年快速增长，随着光伏胶膜的需求量提升，其对应的胶膜原料 EVA 和 POE 的需求也将稳步提升。由于 EVA 胶膜的制作材料为 EVA 树脂和改性剂，其中 EVA 树脂占绝大多数，EVA 光伏料的需求将会强劲增长。中国 EVA 行业目标在实现 EVA 高端产品国产化道路上高歌猛进，随着我国光伏产业、预涂膜技术和无卤阻燃电缆的发展，太阳能电池、涂覆、电线电缆已成为 EVA 树脂的重要应用领域，需求稳步增长。尤其是光伏料的量产化上将会是主要发展趋势，争取国产化占用率达到 70%以上，同时增加高端品种如电缆、热熔胶级、涂覆级等产品。

展望 2024—2028 年，POM 产能竞争将加剧，POM 产品行业拟在建产能将达到 25 万吨/年，暂无退出产能计划。拟在建产能中，其中 2024 年计划投产的企业有 3 家，合计 19 万吨/年，产能布局较为分散，分布在东北、华东和西北地区，多集中在煤炭、天然气等自然资源较为充沛的地方。其中恒力石化 4 万吨/年 POM 装置计划 2024 年 5 月投产，宝理工程塑料 9 万吨/年 POM 装置计划 2024 年 10 月投产，新疆心连心 6 万吨/年 POM 装置计划 2024 年 12 月投产。2025 年之后 POM 新增产能投产时间尚未确定，其中兖矿鲁化 6 万吨/年 POM 装置计划 2025 年底投产，部分 POM 产能新建项目尚未提上日程。预计到 2028 年国内 POM 总产能将达 74 万吨/年。

我国重点化工新材料新增产能计划见表 4-5-4。

表 4-5-4　2024—2028 年中国重点化工新材料新增产能计划　　单位：万吨/年

企业名称	mPE	EVA	POM
埃克森美孚（惠州）化工有限公司	123（2024 年）		
中石化英力士（天津）石化有限公司	30（2024 年）		
山东裕龙石化有限公司	50（2024 年）		
中海壳牌石油化工有限公司三期	60（2025 年）		

续表

企业名称	mPE	EVA	POM
中国石油化工股份有限公司洛阳分公司	60（2025年）	35（2028年）	
东明盛海化工新材料有限公司	40（2026年）		
卫星化学股份有限公司	100（2026年）		
荣盛新材料（台州）有限公司	45（2027年）		
中国石油蓝海新材料有限责任公司	20（2027年）		
宁夏宝丰能源集团股份有限公司		25（2024年）	
中化泉州石化有限公司		4（2024年）	
江苏虹景新材料		70（2025年）	
宁夏煤业公司		10（2026年）	
山东裕龙石化有限公司		50（2026年）	
华谊钦州化工新材料一体化基地一期项目		40（2026年）	
联泓新材料科技股份有限公司		20（2025年）	
浙江石油化工有限公司		40（2025年）	
中国石油天然气股份有限公司吉林石化分公司		40（2026年）	
福建古雷二期		40（2027年）	
中化泉州二期		10（2027年）	
中科（广东）炼化有限公司新建		10（2025年）	
扬子石化—巴斯夫有限责任公司		30（2028年）	
中国石化岳阳地区100万吨/年乙烯炼化一体化		20（2028年）	
巨正源（揭阳）新材料基地项目		15（2028年）	
独山子石化—塔里木二期		30（2028年）	
百宏化学新材料项目		35（2028年）	
内蒙古建丰600万吨/年煤炭分质示范项目		30（2028年）	
恒力石化			4（2024年）
宝理工程塑料			9（2024年）
新疆心连心			6（2024年）
兖矿鲁化			6（2025年）

第六节　2023年市场重大事项

一、"保交楼"带动家电及原材料消费改善

2023年，房屋竣工面积为99831万平方米，同比大幅增长17.0%，为家电行业注入了增长动能，其中：空调产量同比增长13.5%，冰箱产量同比增长14.5%，洗衣机产量同比增长19.3%，如图4-6-1所示。在房地产竣工改善和家电消费复苏影响下，ABS需求量同比大幅增长20.8%，管材企业开工率较上年提升5个百分点，聚乙烯、聚丙烯、PVC等管材料消费实现了稳定增长。

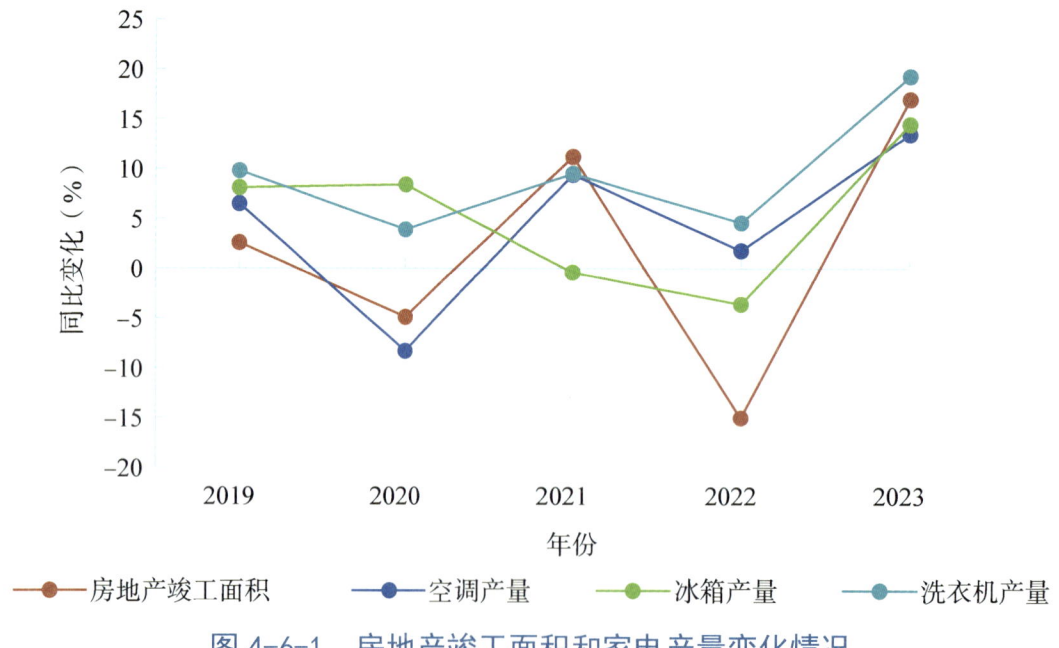

图4-6-1　房地产竣工面积和家电产量变化情况

数据来源：国家统计局

二、"促销费20条"带动轮胎及原材料需求增长

2023年，汽车产量和消费量分别达到3016万辆和3009万辆，同比分

别增长 11.6% 和 12.0%，创下了产销新纪录，进而带动轮胎产量大幅增加，半钢轮胎和全钢轮胎分别达到 6.21 亿条和 1.46 亿条，同比分别增长 24.6% 和 14.9%，其中新能源汽车继续发力促进了半钢轮胎消费，如图 4-6-2 所示。在汽车和轮胎行业影响下，顺丁橡胶和丁苯橡胶消费同比分别增长 10.1% 和 2.9%。

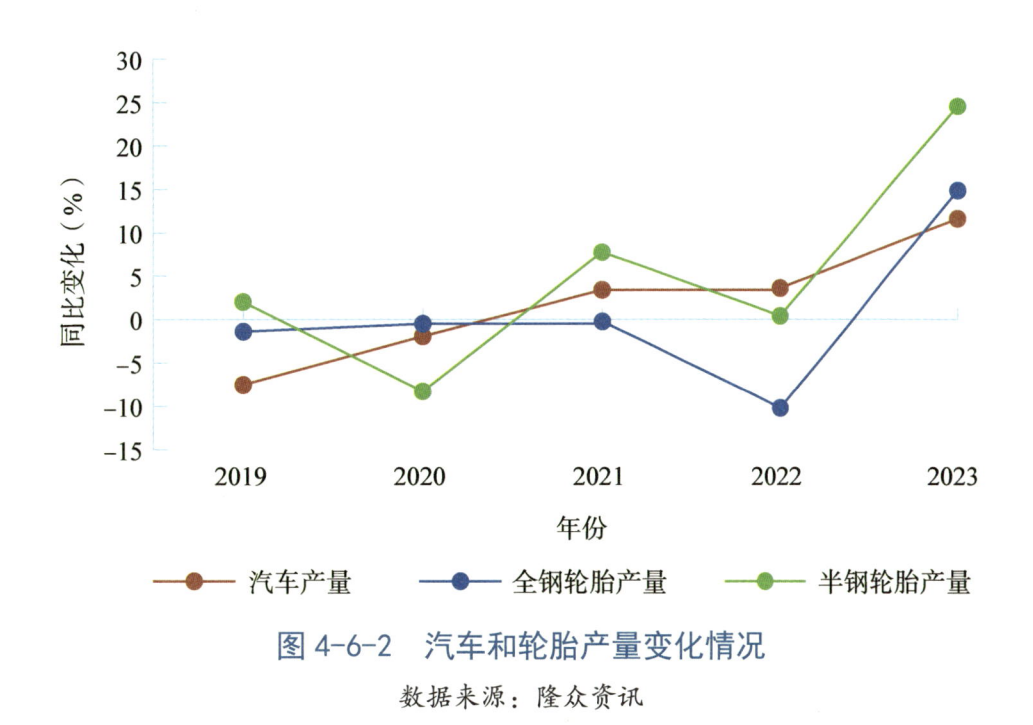

图 4-6-2　汽车和轮胎产量变化情况

数据来源：隆众资讯

三、"新三样"成为出口新增长极

2023 年，我国电动载人汽车、锂离子蓄电池、太阳能电池"新三样"产品合计出口金额为 1505 亿美元，同比增长 24.0%，其中电动载人汽车出口金额为 418 亿美元，同比增幅更是达到 73.4%，有力支持了相关化工新材料需求快速增长，如图 4-6-3 所示。EVA 产品广泛应用于光伏背板胶膜生产，2023 年国内消费量继续保持两位数增长，同比增幅达到 11.2%。

图 4-6-3 2021—2023 年"新三样"产品出口情况

数据来源：国家统计局

第七节　2023 年重要政策解读

一、推动现代煤化工产业健康发展

2023 年 6 月 14 日，国家发展改革委等部门发布《关于推动现代煤化工产业健康发展的通知》（简称《通知》）。

《通知》强调要从严从紧控制现代煤化工产能规模和新增煤炭消费量，重点把好项目准入关，此前《现代煤化工产业创新发展布局方案》明确的四个示范区"十三五"期间 2000 万吨新增煤炭转化总量不再延续。强调要进一步强化对现代煤化工产业的规划布局引导，对存量项目要优化升级，对增量项目要集约化发展，优先布局在要素条件有保障的地区，严禁布局在大气污染防治重点区域，鼓励上大压小，避免同质化、低水平重复建设。

《通知》进一步强调了科技创新在支撑现代煤化工产业健康发展方面的重要作用。继续鼓励新建项目要承担技术创新升级示范任务，推进原始创新和集成创新。进一步强调了现代煤化工产业要加快向绿色低碳方向发展，强化能效、水效、污染物排放标准引领和约束作用，稳步提升现代煤化工绿色低碳发展水平。

总体看，《通知》从项目管理、规划布局、创新发展、绿色低碳、安全环保等方面进一步明确了现代煤化工产业发展思路和重点工作任务，对推动现代煤化工产业实现高质量发展具有重要意义。从对石化市场供给的影响看，将能有效控制煤化工发展节奏，有望开启低能效、低竞争力煤化工项目退出市场的序幕。

二、发布 2023 年工业重点领域能效标杆水平和基准水平

2023 年 7 月，国家发展改革委等部门印发《关于发布〈工业重点领域能效标杆水平和基准水平（2023 年版）〉的通知》（简称《能效水平 2023 年版》）。

《能效水平 2023 年版》在 2021 年版所涉及的 25 个重点领域基础上，结合工业重点领域产品能耗、规模体量、技术现状和改造潜力，新增加了 11 个领域（石化领域涉及乙二醇、尿素、聚氯乙烯、PTA 等），调整 4 个领域（化工领域包括煤制甲醇、煤制乙二醇、纯碱等），共涵盖 36 个领域。

《能效水平 2023 年版》提出重点领域能效标杆水平、基准水平视行业发展和标准制修订情况进行动态调整。此次对 4 个领域基准值或标杆值进行调整提升，进一步强化了能效标杆引领作用和基准约束作用，鼓励和引导行业企业立足长远发展，高标准实施节能降碳改造升级。《能效水平 2023 年版》要求，对拟建、在建项目，对照能效标杆水平建设实施，拟建、在建项目全面达到标杆水平，推动高质量发展；对能效介于标杆水平和基准

水平之间的存量项目，引导企业应改尽改、应提尽提；对能效低于基准水平的存量项目，明确改造升级和淘汰时限。在改造时间节点上，区别于原有重点领域，《能效水平2023年版》要求对新增加领域，能效低于基准水平的，原则上应在2026年底前完成技术改造或淘汰退出。

《能效水平2023年版》的发布，在推动石化行业重点领域节能降碳改造升级、实现绿色转型发展的同时，也有助于低效产能出清，提升市场供给质量。

三、推动石化化工行业稳增长

2023年8月18日，工业和信息化部、国家发展改革委等七部门联合印发《石化化工行业稳增长工作方案》（简称《工作方案》），实施期限为2023—2024年。

《工作方案》提出的稳增长主要目标：行业保持平稳增长，年均工业增加值增速5%左右。2024年，石化化工行业（不含油气开采）主营业务收入达15万亿元，乙烯产量超过5000万吨，化肥产量（折纯量）稳定在5500万吨左右。

《工作方案》指出：要以深化供给侧结构性改革为主线，统筹发展和安全，狠抓"十四五"石化化工行业高质量发展指导意见目标任务落实，着力促投资、拓消费、扩外贸，稳生产、强企业、优环境，实现质的有效提升和量的合理增长，推动石化化工行业平稳运行，夯实行业高质量发展基础；提出了扩大有效投资、丰富优质供给、稳定外资外贸、强化要素供给、激发企业活力等五项主要举措；在丰富优质供给方面，提出开展行业"三品"（增品种、提品质、创品牌）行动，支持石化化工生产企业为纺织、电子信息、机械装备等领域用户提供定制化、功能化、专用化的产品和综合服务，支持专用化学品、化工新材料及关键单体原料产业化，加快新技术产业化进程。同时提出，要积极拓展国际市场，持续落实好稳外贸政策措施，积极参与国际公约谈判，提升化工产品出口附加值和品牌影响力；加强国际产能合作，鼓励有条件地区建设面向周边国家市场的特色化工园区，鼓励外资企业发挥原料、技术、市场优势，加大在华石化、化工新材料、精细化学品、绿色低碳等领域投资。

当前，石化行业处于盈利低谷期，要充分利用有关政策红利拓宽市场，积极扩大石化产品出口业务。

四、促进化工产品市场消费

2023 年 7 月，国务院批复同意国家发展改革委《关于恢复和扩大消费措施的通知》（国办函〔2023〕70 号），提出 20 条促进消费措施。

该版促消费 20 条着重从稳定大宗消费、扩大服务消费、促进农村消费、拓展新型消费、完善消费设施、优化消费环境六个方面提出针对性举措。在稳定大宗消费方面，着重提出优化汽车购买使用管理、扩大新能源汽车消费、支持刚性和改善性住房需求、提升家装家居和电子产品消费四大举措；在促进农村消费方面，提出开展绿色产品下乡、完善农村电子商务和快递物流配送体系、推动特色产品进城、大力发展乡村旅游四个方向；在拓展新型消费上，提出壮大数字消费、推广绿色消费。

大宗消费作为消费中规模最大、产业带动能力最强的部分，既是拉动消费增长的主引擎，也是以消费升级引领产业升级的主战场。新版 20 条聚焦汽车、住房、家居等大宗消费，将有效发挥大宗消费带动相关全产业链持续发展，有效推动消费复苏回升的重要作用，将会明显带动建材领域、新能源汽车、电子电器、医疗健康领域化工材料市场消费的增长，对于拉

动化工市场消费增长构成重大利好。

目前，湖南、甘肃两省已根据国家促消费20条出台结合地方特点的促消费政策。随着更多地方促消费政策的出台，对化工产品市场消费的促进作用将进一步显现。

第八节　专题分析

一、炼油与化工结构性调整

1.减油增化已成为行业发展大势

汽柴油需求受替代能源显著冲击。"十四五"期间，国内新能源汽车产业已迈入 S 形成长曲线的加速阶段，电动汽车成为出口"新三样"之一。未来十年内，新能源汽车发展当前面临的续航里程低、用车综合成本高、补能便利性差等问题将陆续解决。预计2030年、2036年、2041年新能源汽车渗透率将分别达到 50%、80%、90%，2045年左右新车销售全部为新能源汽车。除电动汽车外，液化气、天然气、生物柴油、氢能等燃料对成品油的替代总量预计将在 2025 年达到20%以上。受此影响，国内汽油需求预计在 2025 年前后达到峰值，国内柴油消费量在已达峰后未来将进一步下降。由于成品油消费趋于饱和，石油消费增长将更多地由石化产品生产拉动。

乙烯产业链仍有消费增长空间。发达经济体人均乙烯消费量仍高于我国。2023 年，我国人均乙烯当量消费量为46千克，相当于发达国家20世纪90年代消费水平。预计未来国内年人均乙烯消费峰值为65千克，目前仍未达到峰值。

减油增化成为全球石化行业发展大势。基于对油品需求增长放缓、即将下滑的共识，为抢抓石化产品需求旺盛的机遇期，各大化工公司加速推进减油增化，从燃料型向化工型转型。一些非蒸汽裂解制乙烯技术逐渐兴起，如原油直接制乙烯、催化裂解制烯烃等。

2.化工市场竞争日益激烈

民营、外资企业纷纷入局。国内石化产业发展环境日益开放，国家多次发布积极政策，降低炼化行业准入门槛。受此激励，民营资本日益壮大，纷纷兴建大型炼化项目，以浙石化、恒力石化、卫星化学及盛虹石化为代表的大型民营企业的乙烯业务从无到有。同时，国内广阔的市场愈发吸引外资进入，埃克森美孚、巴斯夫等国际石化公司在辽宁、上海、福建、广东等沿海地区以独资、合资等不同形式加速布局石化业务，抢占国内市场。至此，行业投资主体已经从以"三桶油"为主的大型国有石化企业占绝对比例，迅速转变为以传统国有石化企业、大型煤炭企业、大型民营资本企业、外资企业及其他中小企业群雄并起的局面。"三桶油"为代表的大型国有石化企业的乙烯产能占比已由2013年的77%降至2023年的43%。

乙烯市场产能迅速扩张。2023年，我国乙烯产能已经达到5146万吨/年，依然是世界第一乙烯生产大国；乙烯当量消费量为6491万吨/年，对外依存度从2013年的53%下降到30%，主要乙烯下游衍生物的自给率也快速提升，主要石化产品的供应状况大幅改善。"十四五"及"十五五"期间，国内将继续迎来大规模的产能投放，我国石化市场竞争彻底进入白热化状态。预计到2030年，我国乙烯产能将达到8300万吨/年水平，未来几年下游化工行业竞争态势将持续加剧。

3.高质量发展呼唤国产新材料

合成材料供应的结构性问题突出。 在合成树脂领域，虽然我国已经成为全球最大的生产国，但低端产品产能过剩、高端产品依赖进口。由于技术缺乏或者关键原料短缺，乙烯—乙烯醇共聚物、聚烯烃弹性体、液晶聚合物、聚芳醚砜、高温聚酰胺、聚醚醚酮、辛烯共聚聚乙烯等高端树脂品种仍低于 40%；聚甲醛虽然已经国产化，但品质相对较低，无法满足电子电器、汽车及工业机械等高端领域需求，只能用于拉链、圆珠笔零件、五金器械、玩具等低端领域。合成橡胶领域同样存在类似的结构性问题。顺丁橡胶、丁苯橡胶、SBS、氢化苯乙烯—丁二烯嵌段共聚物（SEBS）的产能满足率均在 120%以上，但高端的溶聚丁苯橡胶、溴化丁基橡胶、稀土顺丁橡胶进口比例依然较大。乙丙橡胶我国目前还不能生产高门尼黏度牌号，丁腈橡胶也仅能生产 20 多个牌号，超高腈丁腈橡胶、羧基丁腈、氢化丁腈、粉末丁腈等牌号产品还主要依靠进口，目前兰州石化等公司正在加快研发进度，争取早日打破"卡脖子"局面。在合成纤维领域，己二腈一直被英威达等四家外国公司技术封锁，直到 2019 年才实现国产化。

国产新材料需求旺盛，成为石化新增长极。 随着高铁、5G、医疗健康、环保等战略性新兴产业的兴起，整个国民经济步入高质量发展阶段，"新技术、新产业、新业态、新模式"的"四新"经济逐渐兴起，拉动我国化工新材料消费持续增长。但由于国产新材料质量和性能与国外相比差异较大，行业对外依存度总体仍较高，工程塑料、高端聚烯烃、高性能纤维、功能性膜材料、电子化学品等领域自给率仅为 60%左右。受此影响，国产自有技术创新正在驱动新材料产业快速发展，成为各炼化企业转型升级发展的新赛道。围绕光伏、可降解塑料、家电及工程塑料等产业发展需求，工程塑料、高性能合成橡胶已成为化工新材料领域的投资热点。

二、绿色甲醇产业发展

1.我国开始布局绿色甲醇产业

非绿色甲醇中国产能最大，绿色甲醇欧洲势头领先。 甲醇本身是一种重要的化工原料，2023 年全球甲醇总产能约 2 亿吨/年。中国是全球甲醇产能最大的国家，也是全球甲醇第一大消费国和进口国，2023 年总产能约 1.1 亿吨/年，超过全球一半。但全球甲醇产能中，不可再生的蓝色、灰色和棕色甲醇占绝大比例，绿色甲醇仍处于发展初期，已投产产能较少，占比不足 3%。我国绿色甲醇产能占比更低，目前已建成及在建产能仅约 30 万吨/年。我国是非绿色甲醇的生产大国，但绿色甲醇的产能主要集中在欧洲、北美、东亚等地区。欧洲是全球绿色甲醇产能最大的地区，2022 年欧洲整体甲醇产能约 400 万吨/年，其中西欧约 360 万吨/年，中欧和东欧约 40 万吨/年，其中绿色甲醇产能前三的国家分别为德国、挪威和英国。目前德国的绿色甲醇稳定产能最高达 20 万吨/年，挪威产能达 18 万吨/年。

我国加速布局绿色甲醇产业。 目前我国已有多个绿色甲醇项目签约、开工和投产。截至 2023 年底，国内处于规划阶段的绿色低碳甲醇项目约 20 个，合计规划产能规模约 750 万吨/年，其中多个项目产能超过 100 万吨/年，如吉道能源投资的巴彦淖尔新能源制氢项目、宝丰能源的绿氢与煤化工耦合碳减排创新示范项目等。

2.绿色甲醇作为清洁船燃需求增加

船运业减排目标严峻，碳税成本高昂，清洁燃料成为转型必由之路。 航运业是绿色甲醇发展的重要动力。国际海事组织（IMO）在海上环境保护委员会第 80 届会议上修订了减排目标，要求与 2008 年相比，2030 年温

室气体排放将减少 20%、2040 年减少 70%、2050 年实现净零排放，且在 2030 年前，国际航线船舶所使用的能源至少要有 5%采用零或接近零的温室气体排放技术或燃料。另外，欧盟此前也将航运业纳入碳排放交易体系（ETS），2024 年有望正式生效。届时多家大型航运公司若未能显著脱碳，则到 2030 年可能需要购买高达 55 亿美元的碳配额。因此，面对日益严格的温室气体减排标准，各国航运企业一方面通过改造船体、调整航速、优化航次和停泊时间等技术或运营手段提高船舶能效，减少碳排放；另一方面积极开发依靠清洁的替代燃料驱动的新型船舶。

替代燃料型新船订单中，LNG 当下领先，甲醇未来可期，船东纷纷布局。 2023 年全球新船订单中，共有 539 艘使用替代燃料，占全年新造船订单总吨位的 45%，较 2022 年（60%）略有下降，但仍高于 2021 年（31%）。其中，LNG 双燃料船 220 艘，约占总订单量的 25%，仍占据 2023 年替代燃料订单的最大份额；甲醇双燃料船其次，125 艘，约占总订单量的 13%，比例较 2022 年继续提升；还有 LPG 船 55 艘、氨燃料船 4 艘。除上述已经定型的双燃料船只外，还有大量船只已经预留出替代燃料使用空间。所有已下水船队和新造船订单中，共有 579 艘处于 LNG 预留状态，322 艘处于氨预留状态，272 艘处于甲醇预留状态，以提高未来燃料切换的灵活性。马士基、达飞集团、韩新海运（HMM）、中远海运等企业都订购了甲醇动力船，截至 2023 年底订单数量已达 200 余艘，预计 2025 年至 2026 年集中交付，届时每年最多可消耗绿色甲醇 800 多万吨。在我国，甲醇燃料船已经实现了对集装箱船、散货船、矿砂船和原油运输船等几大船型的全覆盖。

绿色甲醇作为清洁船燃有多重优势。 首先，虽然 LNG 较传统燃料减排约 20%，但仍是化石燃料，而绿色甲醇碳排接近于零；LNG 主要成分甲烷本身就是一种温室气体，在运输和加注过程中可能发生散逸。受欧盟碳配额交易等法规影响，船运公司对LNG的碳排放量尤为敏感。其次，LNG需要低温高压才能液化储存，而甲醇常温常压即为液态，港口和航运公司无须新建原料冷凝设备。在不考虑燃料成本的前提下，甲醇动力船的建造和安装成本比LNG更低。最后，LNG价格当前高企，影响了船东使用LNG的积极性。

3.绿色甲醇产业链发展未来可期

绿色甲醇原料包括生物质、绿氢和可再生二氧化碳。根据国际可再生能源署(IRENA)的分类标准，绿色甲醇和可再生甲醇的含义基本重合，大致可分为绿色生物甲醇和绿色非生物甲醇。绿色生物甲醇以农林废物、垃圾填埋场产生的沼气等生物质作为碳源和氢源，通过生物质气化制备合成气、生产甲醇。绿色非生物甲醇则以可再生的二氧化碳（通过生物源捕集或直接空气捕集）作为碳源，以绿氢作为氢源。如氢源为蓝氢，或碳源不可再生，产品则为蓝色甲醇。

绿色甲醇是绿电、绿氢和捕集二氧化碳的液态储运载体。绿色甲醇又称"清洁的煤""便宜的油""液态的氢"和"液态阳光"。通过液态阳光技术，可以实现交通领域和工业领域的规模化二氧化碳资源化转化，同时解决绿氢的存储输送问题。

成本仍是绿色甲醇大规模生产和应用的瓶颈。在生产上，绿色甲醇规模化生产仍受多种经济性、技术性因素制约，包括生物质的收集成本较高、生物质合成气的碳氢比需要进行大幅度调节、生物质合成气中的杂质较多且生产规模较小、绿电制甲醇成本较高等问题。在使用上，醇是一种低能量密度燃料，甲醇的体积能量密度不足传统船用燃料油的一半，导致燃料

储存容器必须大幅扩大体积。此外，纯甲醇本身十六烷值非常低，不是很好的柴油替代品。若要在柴油型发动机中使用纯甲醇，则需要点火塞、添加剂或同时注入少量柴油，而且在压缩后才能点燃。如未来能够通过建立废气生物质回收机制、建设大规模风光电降低绿电成本、优化船型设计等方式，突破上述生产和应用瓶颈，绿色甲醇未来的发展会更加快速。

第五章
天然气市场

观点摘要

➢ 2023 年

- **国产资源稳定上产，进口资源量增价降。** 国产天然气 2353 亿立方米，发挥"压舱石"作用；进口天然气 1639 亿立方米，实现中低价位下的有效补充，均价下降 12.1%。

- **天然气市场消费增速由负转正，重回正轨。** 全年表观消费量 3945 亿立方米（除港澳台外），增速由负转正达到 7.7%。天然气消费传统产业加快恢复，新兴市场为发展注入新动能。

- **基础设施有序推进。** 长输管道新增里程超过 3600 千米，沿海 LNG 接收站新增接收能力 1800 万吨/年，地下储气库新增有效工作气量 27 亿立方米，叠加沿海 LNG 储罐，总储气能力占表观消费量的 8.4%。

- **行业政策聚焦重点环节。** 鼓励多能融合，优化利用方向，重新核定管输费率，健全天然气价格联动机制，持续深化天然气市场体系改革。

➢ 2024 年

- **呈现供需两旺格局。** 上游勘探开发力度加大，长贸合同进口气量递增，国际气价在中位波动，资源供应条件进一步改善。预计全年表观消费量增加 300 亿～350 亿立方米。

➢ **未来五年，** 是国内天然气市场培育新动能、实现新发展关键时期，发电市场加快培育壮大，逐步开创城镇燃气、工业燃料、天然气发电"三足鼎立"的新局面，天然气需求年均增速在 5%左右。

第一节 2023年市场发展特点

2023年是三年新冠疫情防控转段后经济恢复发展的一年，国民经济回升向好，国内产量稳定增长，国际气价持续回落，进口资源量升价降，管道建设稳步推进，LNG接收站多项目投产，上下游价格联动机制加快推进，天然气消费重回增长轨道。2014—2023年全国天然气表观消费量与增长趋势如图5-1-1所示。

图 5-1-1 2014—2023年全国天然气表观消费量与增长趋势

数据来源：国家发展改革委、国家统计局

一、资源供应总量增长明显，海外资源占比微增

2023年，国内资源保持稳定增储上产节奏，增量127亿立方米，已连续七年增产超过百亿立方米。海外进口资源增加154亿立方米，其中：进口管道气中亚气和缅气资源略有减少，中俄东线合同增量拉动总量保持增长，同比增加53亿立方米；进口LNG资源随着成本降低，市场需求旺盛，进口规模明显恢复，同比增加101亿立方米，新增现货LNG占比约为64%

（图 5-1-2）。

图 5-1-2　2023 年分月份资源供应量及增速

数据来源：国家发展改革委、海关总署

1.国产气资源稳步提升，保供"压舱石"作用有效发挥

2023 年，油气行业持续推进增储上产"七年行动计划"，加大勘探开发投资，天然气新增探明地质储量约 1.3 万亿立方米，产量（含煤制天然气）达到 2353 亿立方米，同比增速 5.7%。**从公司来看**，中国石油全年天然气产量继续领跑全国，达到 1529 亿立方米，占全国总产量的 65%，同比增加 74 亿立方米，增速 5.1%。其中，长庆、西南和塔里木三大气区产量主体地位保持稳固，分别达到 506 亿立方米、420 亿立方米和 326 亿立方米，合计 1252 亿立方米，超过全国总产量的一半（表 5-1-1）。中国石化全年天然气产量约 379 亿立方米，同比增加 25 亿立方米，增速 7.1%，其中西南石油局产量 92 亿立方米，同比增速 9.5%；江汉油田天然气产量 73 亿立方米，与上年基本持平。中国海油全年天然气产量约 279 亿立方米，同比增加 26 亿立方米，增速 10.3%。渤海首个大型整装千亿立方米渤中 19-6 凝析气田一期开发项目顺利投产，气田累计探明天然气地质储量超 2000 亿立方米。其

中，南海西部油田作为海上第一大天然气生产基地，产量约91亿立方米，同比增加4亿立方米，增速4.6%。延长石油产量80亿立方米，同比增加4亿立方米，增速5.7%。**从资源类型来看**，常规天然气保持主体地位，全年产量1890亿立方米，同比增加78亿立方米，增速4.1%。页岩气产量260亿立方米，同比增加20亿立方米，增速8.3%，主要集中在四川盆地。煤层气产量139亿立方米，同比增加23亿立方米，增速19.8%，主要集中在山西。煤制天然气产量64亿立方米，同比增加6亿立方米，增速9.4%，主要来自伊犁新天、新疆庆华、内蒙古汇能和大唐国际克什克腾旗4个项目，已接近满负荷生产。

表 5-1-1　国内主要油气田天然气产量

序号	油气田名称	所属公司	产量（亿立方米）2022年	产量（亿立方米）2023年	序号	油气田名称	所属公司	产量（亿立方米）2022年	产量（亿立方米）2023年
1	长庆油田	中国石油	493	506	7	江汉油田	中国石化	73	73
2	西南油气田	中国石油	383	420	8	南海东部油田	中国海油	68	70
3	塔里木油田	中国石油	323	326	9	中原油田	中国石化	60	69
4	西南石油局	中国石化	84	92	10	青海油田	中国石油	60	60
5	南海西部油田	中国海油	87	91	11	大庆油田	中国石油	55	59
6	延长石油	延长石油	76	80	12	华北石油局	中国石化	50	51

数据来源：中国石油规划总院根据公开资料整理。

2.进口管道气东升西降，进口LNG恢复增长

2023年，全国进口天然气1639亿立方米，同比增速10.4%，高出全国表观消费量增速2.7个百分点。进口气占比41.1%，同比提升1.1个百分点。进口管道气680亿立方米，增速8.5%。中俄东线进口增量超过70亿立方米，增速47.5%；中亚气受气源国与管道过境国自用量增加，缅气受上游产量影响，进口气量小幅减少。进口LNG资源959亿立方米，增速11.8%。受制

于全球经济恢复乏力，全球天然气需求缓慢增长，叠加储气设施库存高企、气候温和、可再生能源与核电供应强劲等因素影响，国际天然气价格高位回落，国内供应商进口意愿显著增强，进口量快速增长。从进口国别来看，进口LNG资源来自22个国家，澳大利亚仍是第一大来源国，进口量2412万吨，同比增长10.4%，占比33.9%（图5-1-3）；卡塔尔位居第二，进口量1665万吨，同比增长6.2%，占比23.4%；俄罗斯排名第三，进口量804万吨，同比增长22.6%，占比11.3%。

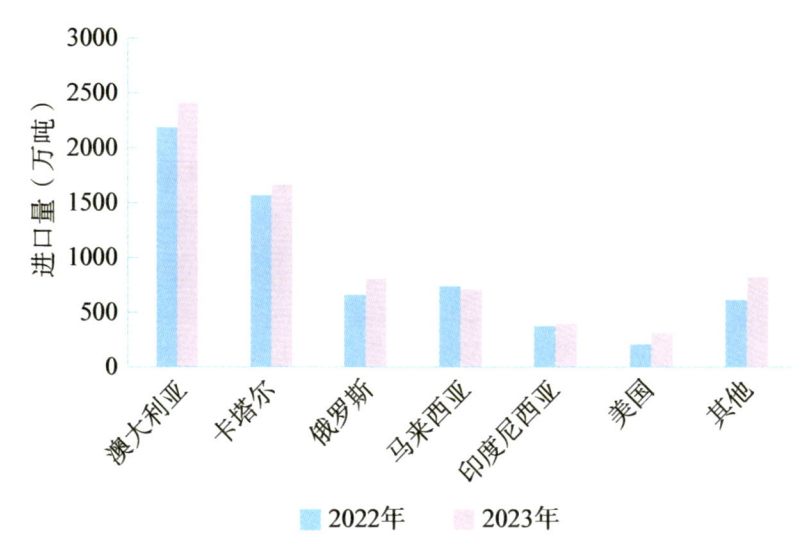

图 5-1-3 分进口来源国进口 LNG 资源量

数据来源：海关总署

二、消费总量重回增长轨道，发展动力出现分化

1.发展环境持续改善，消费增量超 280 亿立方米

2023年，经济复苏为天然气市场发展提供了良好条件。全年天然气表观消费量达到3945亿立方米，同比增长282亿立方米，增速7.7%。社会和经济活动全面放开，公服商业、交通物流行业天然气消费迅速恢复，汽车制造、储能电池、新材料等新兴产业为工业生产用气注入新动

能，全社会用电总量和电力调峰需求"双增"促进天然气发电需求增长。

天然气分月表观消费量增长在宽幅波动中总体向上（图 5-1-4）。1 月平稳度过了防疫政策转段、换挡后的适应期，2 月全国天然气表观消费增速由负转正，随后在 2022 年低基数的影响下，二季度消费增速逐渐提高到 10%以上，其中第三产业和最终消费对经济增长的贡献基本回归至常态，工业生产整体保持稳定的同时，成为天然气市场修复的主要拉动力量。下半年，受投资、消费以及出口"三驾马车"动能走弱影响，天然气表观消费量增速出现一定波动。

图 5-1-4　2023 年天然气分月表观消费量情况

数据来源：国家发展改革委、中国石油规划总院

2.消费结构仍以工业燃料和城镇燃气为主

2023 年，天然气消费增量主要来自工业燃料和城镇燃气，工业燃料用气量达到 1648 亿立方米，同比增长 7.5%，占比 42%；城镇燃气用气量 1315 亿立方米，同比增长 9.8%，占比 33%；发电用气量 685 亿立方米，同比增长 7.0%，占比 17%；化工化肥用气量 297 亿立方米，占比 8%。

工业燃料用气同比增长 115 亿立方米。工业生产回升向好，2023 年全国规模以上工业增加值同比增长 4.6%，工业领域、建材行业、有色金属行业等碳达峰行动方案逐步落地，工业绿色低碳转型加快推进，中国轻工业协会以及福建、湖南、新疆等省份相继发文继续推动陶瓷、玻璃、有色冶炼等"煤改气"，工业燃料用气较快增长。**城镇燃气用气同比增长 117 立方米。**居民气化率稳步提升，居民用气保持稳定增长。2023 年住宿和餐饮业增加值 21024 亿元，增长 14.5%，国内出游 48.9 亿人次，比上年增长 93.3%，公服商业用气快速增长。2022 年 11 月，财政部印发《关于提前下达 2023 年大气污染防治资金预算的通知》，明确北方地区清洁取暖资金额度，北方地区清洁取暖有序推进，长江流域等非集中采暖区域采暖用户保持增长，2023 年燃气采暖热水炉销量为 237 万台，采暖用气保持稳定提升，增速逐步放缓。车用 LNG 价格回落，与柴油相比，LNG 汽车经济性十分显著，叠加国VIB 实行、2022 年天然气重卡低基数效应，全年天然气重卡销量创历史新高达到 15.2 万辆，同比增长 3.1 倍，带动交通运输用气快速增长。**发电用气同比增长 45 亿立方米。**2023 年全社会用电量 92241 亿千瓦时，同比增长 6.7%，气电装机新增 1012 万千瓦，总装机规模达到 1.3 亿千瓦，气电在极端高温、水电减少条件下顶峰发电，调峰应急作用增强，发电利用小时数约为 2436 小时，发电用气增量较大。**化工用气同比增长 5 亿立方米。**天然气制甲醇开工率 54%,同比增加 1 个百分点,天然气制尿素开工率 72%,同比增长 5 个百分点。天然气消费结构变化如图 5-1-5 所示。

图 5-1-5　天然气消费结构变化

数据来源：中国石油规划总院

3.各省份天然气消费保持增长，消费增量持续分化

2023 年，各省份消费量均实现不同程度增长，广东、安徽、重庆、海南、云南等 10 个省份消费增速超过 10%。沿海经济发达省份天然气消费基础较好，通过着力优化产业布局，恢复经济活力，天然气消费加速恢复，环渤海、长三角、东南沿海 11 个省份消费增量达到 159 亿立方米，占全国消费增量的 53%。广东天然气消费量超过 380 亿立方米，是消费量最大的省份，形成了海陆并举、多源互补供应格局，基础设施加快完善，资源保供能力持续增强，气电项目陆续投产，气电装机规模超过 3500 万千瓦，气电顶峰作用显著，天然气消费增速达到 15.2%。江苏天然气消费量 334 亿立方米，是第二大消费省份，气电用气消费量同比减少 0.1%，拉低总体消费增速，天然气消费增速 8.8%。四川、山东、河北、北京天然气消费量在 200 亿～300 亿立方米之间。安徽天然气需求旺盛，天然气消费量达到 97.4 亿立方米，同比大幅增长 24.5%，是增长最快的省份。2023 年全国分省份天然气消费量如图 5-1-6 所示。

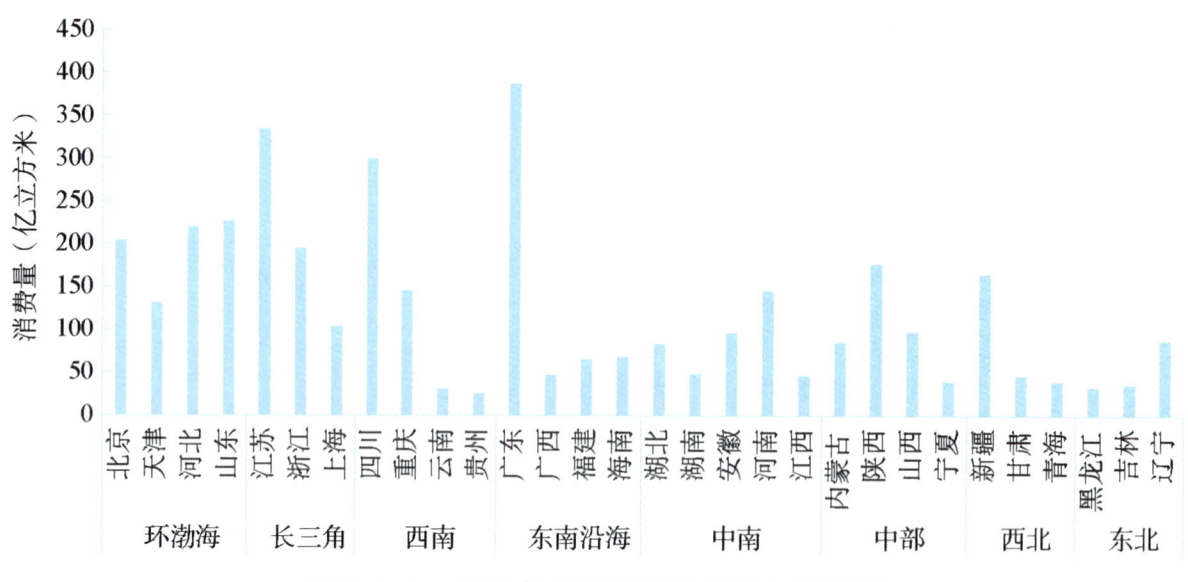

图 5-1-6 2023年全国分省份天然气消费量

数据来源：中国石油规划总院

三、天然气价格竞争力提高，用户使用天然气意愿增强

1.进口资源均价降幅超过10%

2023年，美国HH期货、欧洲TTF期货、东北亚LNG现货到岸全年均价分别为2.54美元/百万英热单位、12.80美元/百万英热单位和16.13美元/百万英热单位，同比分别下降60.5%、65.4%和52.9%（图5-1-7）。

图 5-1-7 全球三大市场天然气贸易价格

数据来源：标普全球

海关总署公布数据显示，2023年我国进口LNG平均价格为3.21元/米^3，同比下降20.9%；进口管道天然气平均价格为2.03元/米^3，同比上涨7.2%。总体来看，国际LNG价格下跌引领综合供给成本下降，2023年中国进口天然气平均价格为2.73元/米^3，同比下降12.1%。

2.上下游价格联动机制稳步推进

2023年6月，国家发展改革委印发《关于建立健全天然气上下游价格联动机制的指导意见》，多地政府结合上述指导意见要求和地方实际，从天然气上下游价格联动范围、联动周期、联动方式、联动程序、激励约束机制、信息公开制度等方面，出台或修订本地上下游价格联动机制。自6月以来，全国已陆续有湖北、陕西、山东、安徽、贵州、河南、江苏、新疆、广东、湖南、河北、吉林、福建13个省份，南京、福州、济南、青岛、天水等50多个地市陆续出台了地方性天然气价格联动新政。

表5-1-2中列出了截至2024年3月全国重点城市天然气终端销售价格。

表5-1-2 截至2024年3月全国重点城市天然气终端销售价格

城市	一档居民气价（元/米^3）	工商业用气价格（元/米^3）
北京	2.61	城区：3.30；非城区：3.06
天津	2.79	3.55
太原	2.70	4.39
石家庄	3.15	4.02
哈尔滨	2.94	3.89
沈阳	3.16	3.63
郑州	2.58	4.98
合肥	2.72	4.56
长春	2.94	3.99
南京	3.03	3.30
杭州	3.10	4.18

续表

城市	一档居民气价（元/米³）	工商业用气价格（元/米³）
济南	3.50	4.60
武汉	2.53	3.64
长沙	2.65	4.38
上海	3.00	3.96
南昌	3.20	4.43
广州	3.45	4.58
昆明	2.95	3.63
贵阳	2.61	3.72
西宁	1.66	2.69
银川	2.09	3.12
西安	2.18	3.49
成都	2.18	4.20
呼和浩特	2.25	4.08
重庆	2.20	3.10
福州	3.16	4.27
海口	3.15	3.86

数据来源：中国石油规划总院根据公开资料整理。

3.国内 LNG 竞争力显著增强

2023 年，因 LNG 供应资源充裕、进口价格下降，全年终端市场平均送到价 4922 元/吨，同比降低 28%（图 5-1-8）。与替代能源 LPG、燃料油及柴油价格相比优势凸显，其中华东、华南地区 LNG 单位热值平均价格仅为 LPG 的 85%～93%、燃料油的 68%～73%、0 号柴油的 38%～80%（表 5-1-3）。煤炭供需格局相对宽松，价格同步下行，秦皇岛 Q5500 动力煤报价由年初的 1200 元/吨跌至 12 月初的 935 元/吨，跌幅 22%，天然气单位热值成本与煤炭相比，由 2022 年的 2.7 倍下降至 2023 年的 2.1 倍，在同等热值条件下，天然气经济环保优势增强，用户切换利用天然气增加。

图 5-1-8　2022—2023 年全国分月终端市场 LNG 平均送到价

数据来源：中国石油规划总院

表 5-1-3　2023 年华东、华南地区 LNG 与燃料油、LPG 及柴油价格对比

地区		价格（元/百万英热单位）											
		1月	2月	3月	4月	5月	6月	7月	8月	9月	10月	11月	12月
华东	LNG	138.6	129.8	106.7	93.5	81.0	78.9	79.9	74.4	89.2	100.3	109.0	122.3
	LPG	122.4	134.5	129.1	121.1	112.0	95.4	93.0	116.1	122.3	122.0	122.5	122.1
	燃料油	161.9	167.3	155.9	149.2	141.0	135.5	133.3	140.5	143.9	146.3	141.5	143.0
	0 号柴油	194.1	198.9	193.4	193.8	185.1	178.6	183.7	197.8	203.1	194.9	188.6	186.6
华南	LNG	150.3	137.4	119.5	105.9	89.5	87.0	77.7	94.6	94.1	108.4	116.3	126.4
	LPG	126.5	137.8	127.1	115.3	107.6	90.6	88.0	113.3	126.7	121.3	121.3	122.7
	燃料油	161.5	168.9	159.2	160.1	144.3	134.0	133.9	144.6	140.7	147.2	140.5	142.8
	0 号柴油	188.6	197.7	190.2	191.4	181.4	176.9	182.8	198.1	201.9	192.3	186.0	183.9

数据来源：中国石油规划总院根据公开资料整理。

四、天然气交易中心建设稳步推进，交易规模持续扩大

2023 年 7 月，天津国际油气交易中心经天津市人民政府依法批准设立，以 LNG 商品的交易交收场景为试点，陆续上线管道气、管容、罐容、库容等天然气交易品种及天津优势能源化工品种，12 月 28 日完成国内 LNG 仓

单交易交收第一单，进入试运营阶段。截至 2023 年底，中国已建成上海、重庆两个国家级石油天然气交易中心，建成浙江、海南、深圳前海、天津等 7 个区域性天然气交易中心。2023 年，上海石油天然气交易中心开展 LNG 年度合同、储运通服务、LNG 罐容、LNG 运力、顶峰发电保供专场等交易，全年天然气双边交易量 1214.6 亿立方米，再创历史新高，同比增加 286 亿立方米，保持了亚洲最大天然气现货交易平台的中心地位，完成多笔使用人民币结算的国际现货天然气贸易。重庆石油天然气交易中心开展年度合同转让、储运通等交易，全年管道气双边交易量 766 亿立方米，同比增加 136 亿立方米，为中西部地区加快形成天然气完全市场化交易机制做出重要贡献。

第二节 2023 年市场重大事项

一、天然气管道建设稳步推进

据不完全统计，2023 年建成投产天然气长输管道 23 条，管道里程 3614.8 千米，管道建设速度与上年基本相同（表 5-2-1）。截至 2023 年底，全国天然气长输管道总里程约 12.4 万千米，干线一次管输能力达到 4300 亿米^3/年。

在新建成投产管道中，国家石油天然气管网集团有限公司（简称国家管网）建成投产了双台子储气库双向输气管道工程、古浪—河口天然气联络管道工程、西气东输三线枣阳—仙桃段等国家油气基础设施重点工程。中国石油、中国石化和中国海油相继建成投产了 3 条气田外输通道，地方油气供应企业建成投产了山东 LNG 环网南干线及东干线南段、北京燃气天津南港 LNG 接收站外输管道、浙能温州 LNG 接收站外输管道等，有效解决了部分天然气输送瓶颈，提高了调配的灵活性和保障水平。

表 5-2-1　2023 年主要投产天然气管道表

序号	管道名称	长度（千米）	输气能力（亿米³/年）	投产时间	运营商
1	双台子储气库双向输气管道工程	50	250	2023 年 4 月	国家管网
2	粤东天然气主干管网海丰—惠来联络线	154.8	57.4	2023 年 4 月	国家管网
3	蒙西管道项目一期工程	413.5	66	2023 年 6 月	国家管网
4	吉林梅河口—桦甸天然气管道工程	110.9	3.4	2023 年 7 月	国家管网
5	浙江管网宁海—象山天然气管道工程	30.5	1.3	2023 年 7 月	国家管网
6	广西支干线工程（衡阳—桂林）	463	25（一期）	2023 年 8 月	国家管网
7	广西 LNG 配套外输管道桂林支线	152.5	25	2023 年 9 月	国家管网
8	西气东输一线柳园压气站天然气分输支线	2	0.2	2023 年 9 月	国家管网
9	古浪—河口天然气联络管道工程	188.4	50	2023 年 10 月	国家管网
10	中俄东线大庆—哈尔滨支线	53	10	2023 年 11 月	国家管网
11	天津 LNG 接收站外输管道	16.9	300	2023 年 11 月	国家管网
12	西气东输三线枣阳—仙桃段	258	250	2023 年 12 月	国家管网
13	博孜—大北天然气外输管道工程	145.4	70	2023 年 7 月	中国石油
14	顺北天然气外输管道工程	54	9	2023 年 5 月	中国石化
15	山东海油滨州天然气管道工程	97.5	25	2023 年 12 月	中国海油
16	山东 LNG 环网南干线及东干线南段	462/185	96/139	2023 年 1 月	地方
17	石家庄—保定长输管道工程	84	8	2023 年 1 月	地方
18	福建天然气管网德化支线	119	11	2023 年 3 月	地方
19	新天绿能 LNG 外输管道	288	112	2023 年 6 月	地方
20	天然气汊涧—石梁高压管线工程	22	12	2023 年 8 月	地方
21	北京燃气天津南港 LNG 接收站外输管道	215	220	2023 年 9 月	地方
22	浙能温州 LNG 接收站外输管道	24.8	135	2023 年 11 月	地方
23	崇明岛—浦东新区 5 号沟 LNG 站管道	24.6	—	2023 年 12 月	地方
	合计	3614.8			

数据来源：中国石油规划总院。

新建管道在考虑解决当前管输瓶颈、提高管网整体输送能力的同时，强化与已建管道的互联互通，增强管网整体保供能力和区域间互供水平。主要工程包括中俄东线、西气东输一线、川气东送一线、青宁管道、苏皖管道 5 条天然气主干管道在江苏境内全面实现互联互通，中开线与平泰线实现互联互通，西气东输一线沁水分输压气站能力提升实现西气东输一线管道与山西煤层气管道连通，苏沪联络线工程上海与江苏段贯通，实现了上海、江苏两地的天然气主干管网互联互通。

2023 年开工建设管道包括川气东送二线、烟台港西港区 LNG 长输管道工程、漳州 LNG 外输管道工程延伸段和中俄东线嫩江支线等。其中，川气东送二线是保障四川盆地建成千亿立方米大气田和百亿立方米储气库的重要配套工程，烟台港西港区 LNG 长输管道工程为烟台港西港区 LNG 接收站配套外输管道，漳州 LNG 外输管道工程延伸段是国家管网漳州 LNG 接收站的配套工程，嫩江支线天然气管道工程是中俄东线的支线工程。

二、沿海 LNG 接收站多点开花

2023 年，全国 LNG 接收站新增 4 座、扩建 4 座，新增接收能力 1800 万吨/年，新增 LNG 储罐罐容 477 万立方米，为历年 LNG 接收站投产站数及规模最多的一年（表 5-2-2）。截至 2023 年底，全国 LNG 接收站共 28 座，接收能力 13010 万吨/年，LNG 储罐罐容 1843 万立方米，储气能力约为 110.6 亿立方米（表 5-2-3）。新建成投产的接收站分别是河北新天绿能 LNG 接收站、北京燃气天津南港 LNG 应急储备站、浙能温州 LNG 接收站、广州 LNG 应急调峰气源站。扩建接收站包括国家管网天津南疆 LNG 二期，中国石化天津南港 LNG 二期和青岛 LNG 三期，广汇启东 LNG 储罐。分区域来看，环渤海地区新增接收能力 1400 万吨/年，冬季保供和调峰能力得到进一步夯实；长三角、东南沿海地区接收能力分别新增300万吨/年和100万吨/年。LNG接收站运营主体新增新天绿能、北京燃气、浙能集团、广州燃气4家，达到14家，第二梯队企业运营LNG接收站规模达到3480万吨/年，占比27%。

表 5-2-2　2023年投产、开工在建LNG接收站统计表

序号	运营商	项目名称	省份	新增规模（万吨/年）	新增罐容（万立方米）	投产时间
1	新天绿能	河北新天绿能LNG	河北	500	80	2023年6月
2	浙能集团	浙能温州LNG	浙江	300	80	2023年8月
3	广州燃气	广州燃气LNG	广东	100	32	2023年8月
4	北京燃气	北京燃气天津南港	天津	500	84	2023年9月
5	中国石化	青岛LNG	山东	400	27	2023年11月
6	中国石化	天津南港LNG	天津	—	110	2023年11月
7	国家管网	天津南疆LNG	天津	—	44	2023年11月
8	广汇能源	广汇启东LNG	江苏		20	2023年12月
小计				1800	477	
核准在建LNG接收站小计				14605	2943	

数据来源：中国石油规划总院。

表 5-2-3　截至2023年我国已投产LNG接收站

序号	运营商	项目名称	省份	接收规模（万吨/年）	储罐罐容（万立方米）	2023年负荷率（%）
1	国家管网（3060万吨/年）	天津南疆LNG	天津	600	66	59.3
2	国家管网（3060万吨/年）	海南LNG	海南	300	32	74.4
3	国家管网（3060万吨/年）	粤东LNG	广东	500	48	72.6
4	国家管网（3060万吨/年）	深圳迭福LNG	广东	400	64	127.3
5	国家管网（3060万吨/年）	防城港LNG	广西	60	6	—
6	国家管网（3060万吨/年）	大连LNG	辽宁	600	48	18.2
7	国家管网（3060万吨/年）	北海LNG	广西	600	64	45.1

续表

序号	运营商	项目名称	省份	接收规模（万吨/年）	储罐罐容（万立方米）	2023年负荷率（%）
8	中国海油（2960万吨/年）	大鹏LNG	广东	680	64	122.0
9		莆田LNG	福建	630	96	54.1
10		宁波LNG	浙江	700	96	66.2
11		珠海LNG	广东	350	48	106.9
12		盐城LNG	江苏	600	88	49.7
13	中国石油（1330万吨/年）	如东LNG	江苏	650	108	103.3
14		唐山LNG	河北	650	128	79.4
15		海口储转库	海南	30	4	48.7
16	中国石化（2180万吨/年）	青岛LNG	山东	1100	123	49.1
17		天津南港LNG	天津	1080	174	45.6
18	浙江嘉兴	杭嘉鑫LNG	浙江	100	20	38.9
19	申能	上海五号沟	上海	150	32	93.5
20		上海LNG	上海	600	88	51.1
21	广东九丰	东莞九丰LNG	广东	150	16	—
22	广汇能源	启东LNG	江苏	500	82	5.4
23	新奥	舟山LNG	浙江	500	64	33.5
24	深圳华安	深圳华安LNG	广东	80	8	2.5
25	新天能源	河北曹妃甸新天LNG	河北	500	80	12.9
26	浙能集团	浙能温州LNG	浙江	300	80	9.1
27	广州燃气	广州燃气LNG	广东	100	32	19.6
28	北京燃气	北京燃气天津南港	天津	500	84	8.3
合计				13010	1843	55.4

数据来源：中国石油规划总院。

2023年开工建设的项目包括浙能舟山六横LNG接收站、中交营口LNG接收站、浙江宁波LNG接收站三期、广西液化天然气三期扩建项目配套码头工程等。**浙能舟山六横LNG接收站**一期包括一座15万吨级LNG船舶专用码头、4座22万立方米储罐及相应工艺设施，预计于2026年投产。**中交营口LNG接收站**包括1座8万～26.6万立方米LNG专用泊位，4座20万立方米LNG储罐及相应工艺设施，预计于2025年底投产。**浙江宁波LNG接收站三期**在一期、二期基础上，新建6座27万立方米LNG储罐，新增接收能力600万吨/年，其中LNG管道与项目一期、二期预留管道接口连通，同时将宁波光明码头改造为一座26.6万立方米LNG专用码头和工作船码头，预计2025年建成后将在宁波穿山港区形成1200万吨/年接收能力。**广西液化天然气三期扩建项目**新建一座可停靠3万～26.6万立方米LNG接卸泊位，计划2025年完工；此外，该三期扩建项目计划建设8座LNG储罐及其他配套设施，已于2021年3月同步取得广西壮族自治区核准，计划2024年开工建设，新增接收能力600万吨/年。

三、地下储气库加快完善布局

随着我国天然气消费持续快速增长，储气库作为保障市场供应安全和平稳运行的"稳定器"，愈发不可或缺。2023年，全国新投产地下储气库6座，包括中原油田文24储气库、冀东南堡1-29储气库、堡古2储气库、双台子储气库、塔里木柯克亚储气库和雷龙湾储气库；持续推进扩容建设12座，包括新疆呼图壁储气库、西北大涝坝储气库、西南相国寺储气库、清溪储气库等（表5-2-4）。新增库容214.3亿立方米，新增设计气量90.8亿立方米，新增有效工作气量27亿立方米。截至2023年底，全国地下储气库形成有效工作气量219亿立方米，占天然气消费总量的5.5%，相比上年提高0.3个百分点，储气能力进一步增强。

表 5-2-4　2023 年全国地下储气库已投产项目

序号	储气库名称	地理位置	设计库容（亿立方米）	设计工作气量（亿立方米）
1	新疆呼图壁	新疆呼图壁	107.0	45.1
2	西南相国寺	重庆市渝北区	42.6	23.0
3	辽河雷 61	辽宁盘锦	5.3	3.4
4	辽河双 6	辽宁盘锦	57.5	32.2
5	华北苏桥	河北永清	67.4	23.3
6	华北文 23	河北任丘	10.8	5.6
7	大港板南库群	天津滨海新区	10.7	5.6
8	大港驴驹河	天津大港	5.7	3.0
9	长庆陕 224 储气库	陕西靖边	8.6	3.3
10	苏东 39-61 储气库	内蒙古乌审旗	22.3	10.8
11	喇嘛甸	黑龙江大庆	7.6	2.5
12	大庆四站（包括四站和朝 51）	黑龙江绥化	5.2	3.1
13	双台子	辽宁盘锦	42.7	21.9
14	吉林双坨子	吉林松原	10.7	5.3
15	吐哈温吉桑西一库	新疆吐哈	15.1	5.5
16	冀东南堡 1-29 储气库	河北唐山	19.5	8.7
17	堡古 2 储气库	河北唐山	21.5	9.0
18	塔里木柯克亚	新疆喀什	6.9	3.5
19	大港库群	天津大港	69.0	30.3
20	华北库群（京 58）	河北永清	17.4	7.8
21	江苏金坛（国家管网）	江苏金坛	26.4	17.1
22	江苏刘庄	江苏刘庄	3.9	1.8
23	中原文 23	河南濮阳	19.3	7.4
23	中原文 23 二期	河南濮阳	84.3	32.7
24	中原文 96	河南濮阳	5.9	2.0
25	金坛（中国石化）	江苏金坛	11.8	7.2
26	中原白 9	河南濮阳	3.6	1.5

续表

序号	储气库名称	地理位置	设计库容（亿立方米）	设计工作气量（亿立方米）
27	西北大涝坝	新疆库车	7.2	2.0
28	东北孤家子	吉林四平	5.4	3.8
29	清溪	重庆涪陵	4.3	1.9
30	中原卫11	河南濮阳	10.1	5.1
31	江汉黄场	湖北潜江	2.4	1.4
32	永21储气库	山东东营	5.0	2.4
33	文13西储气库	河南濮阳	5.7	3.3
34	中原油田文24	河南濮阳	5.5	2.6
35	金坛（港华燃气）	江苏金坛	10.0	6.0
36	雷龙湾储气库	陕西榆林	45.5	16.0
	合计		810	367

数据来源：中国石油规划总院。

第三节 2023年重要政策解读

一、加快油气勘探开发与新能源融合发展

2023年3月22日，国家能源局印发《加快油气勘探开发与新能源融合发展行动方案（2023—2025年）》。围绕推动油气开发企业提高油气商品供应量、新能源开发利用和储存能力，推动能源清洁低碳、安全高效开发利用，提出了油气供给稳步增长、绿色发展效果显著、行业转型明显加快三大目标，统筹推进陆上油气勘探开发与风光发电、海上油气勘探开发与风电建设、提升油气上游新能源储存消纳能力、积极推进绿色油气田示范建设四大举措。通过清洁替代、加大增压开采等措施，到2025年累计清洁替代增加天然气商品供应量约45亿立方米。该方案有利于促进国内重点油气

田提高绿电利用规模和电气化水平，替代勘探开发自用油气，进而提高油气商品率；有利于推动油气企业增智扩绿，加快引入多能互补、融合发展新模式。

二、天然气市场价格加快上下游联动

2023 年 6 月，国家发展改革委下发《关于建立健全天然气上下游价格联动机制的指导意见》。自 6 月以来，江苏、福建、山东、河北等 13 个省份，以及下辖 50 多个地市相继出台了地方性价格联动政策，有效缓解了城镇燃气企业居民气价倒挂问题，对疏导购销价格矛盾、促进城镇燃气行业健康发展、保障供气安全具有十分重要的意义。预计 2024 年天然气价格联动覆盖范围将进一步在全国全面铺开。

三、天然气市场体系深化改革

2023 年 7 月 11 日，中央全面深化改革委员会第二次会议审议通过《关于进一步深化石油天然气市场体系改革提升国家油气安全保障能力的实施意见》，指出要围绕提升国家油气安全保障能力的目标，针对油气体制存在的突出问题，积极稳妥推进油气行业上、中、下游体制机制改革，确保稳定可靠供应。深化油气市场化改革是推进油气勘探开发和增储上产的重要手段，通过发挥市场在资源配置中的决定性作用，将充分调动各类经营主体的积极性，全面提升天然气资源供给水平与安全保障能力。

四、油气等矿产资源管理办法进一步完善

2023 年 7 月 26 日，自然资源部发布《关于深化矿产资源管理改革若干事项的意见》，与 2019 年发布的《关于推进矿产资源管理改革若干事项的意见（试行）》相比，一是调整探矿权期限，在延长探矿权延续期限的基础

上，将探矿权每次的保留期限由 2 年延长为 5 年，实现探矿权新立延续及保留登记期限的统一；二是在申请探矿权延续登记时，将扣减基数由首设勘查许可证载明面积改为延续时的勘查许可证载明面积，扣减比例由 25% 调减为 20%，已提交探明地质储量的范围不计入扣减基数，更好地适应油气勘探特点；三是新增在矿业权交易中推广使用保函或保证金，探索建立相关规则，有利于引导出价，降低投资和经营成本。该意见使上游企业关注的焦点问题基本得到解决，为有效促进油气资源勘探开发和增储上产、维护资源资产权益提供了政策保障。

五、天然气利用政策优化调整

2023 年 9 月 28 日，国家能源局发布《天然气利用政策（征求意见稿）》。与 2012 年出台的利用政策相比，调整了天然气利用领域和利用顺序。一是在优先类增加"已纳入国家规划计划、气源落实、气价可承受且已完成施工的农村煤改气取暖项目""气源落实、具有经济可持续性的调峰气电项目""带补燃的太阳能热发电项目""远洋运输、工程、公务船舶以及开发、利用和保护海洋的海洋工程装备""油气电氢综合能源供应项目、在保障安全前提下的终端天然气掺氢示范项目等天然气利用新业态"等；二是在允许类增加"新增农村煤改气取暖项目"，但将原优先类"可中断天然气制氢项目"降级为允许类"为炼油、化工企业加氢装置配套的天然气制氢项目"；三是将原禁止类"煤炭基地基荷燃气发电项目"和"天然气制甲醇项目"升级为限制类，禁止类仅保留"天然气常压间歇转化工艺制合成氨"一项。新政策将有利于优化天然气消费结构，推动天然气协调稳定高质量发展，促进天然气在新型能源体系建设中发挥更大作用。

六、跨省天然气管道运输价格首次分区域核定

2023 年 12 月 5 日,国家发展改革委印发《关于核定跨省天然气管道运输价格的通知》,以宁夏中卫、河北永清、贵州贵阳 3 个管道关键节点为主要界限,核定西北价区运价率为 0.1262 元/(1000 米^3·千米)(含 9%增值税,下同),东北价区运价率为 0.1828 元/(1000 米^3·千米),中东部价区运价率为 0.2783 元/(1000 米^3·千米),西南价区运价率为 0.3411 元/(1000 米^3·千米)。该次价格核定后,将国家管网经营的跨省天然气管道运价率由 20 个大幅减少至 4 个,打破了运价率过多对管网运行的条线分割,构建了相对统一的运价结构,有利于实现管网设施互联互通和公平开放,加快形成"全国一张网",促进天然气资源自由流动和市场竞争,助力行业高质量发展。

第四节 2024 年市场发展研判与未来五年展望

2024 年,随着对外出口形势好转、国内需求潜能释放、天然气利用新政落地,天然气需求潜力逐步释放。国产资源、进口管道气稳定增长,国际气价中位波动,LNG 接收站大量投产,进口量持续增加,资源保供能力大幅增强。供需两侧协同发展,呈现供需两旺。

一、天然气资源供应能力持续增强

1.国产气增量保持百亿立方米以上

2024 年,按照国家能源局印发的《2024 年能源工作指导意见》相关要求,各企业加大勘探开发力度,天然气保持快速上产态势,预计全年新增产量达到 130 亿立方米以上。主要石油公司明确 2024 年国内勘探开发工作重点，其中中国石油将认真落实新一轮找矿突破战略行动，国内加大风险勘探力度；增加规模经济可采储量，努力实现增储和上产的良好循环。中国石化将加强风险勘探，加大"深地工程"、页岩气等领域勘探力度，增加优质规模储量；加快川西、顺北等产能建设，推动天然气效益上产。中国海油以三个万亿立方米级大气区为引领，持续推进天然气勘探，南海万亿立方米级大气区勘探工程聚焦深水深层和深水超浅层勘探等，渤海万亿立方米级大气区勘探工程聚焦浅水深层/超深层勘探等，陆上万亿立方米级大气区增储工程积极推进致密气和深层煤层气勘探，重点推进深海一号二期天然气开发项目、渤中 19-6 气田 13-2 区块 5 井区开发项目、临兴和神府深层煤层气勘探开发示范项目，支撑增储上产。延长石油在稳步扩大常规资源储量的同时，更加注重煤层气、页岩气等非常规资源和铝土岩、石灰岩等新层系的勘探突破，力争新增探明储量 550 亿立方米，围绕老井稳产、扩能补产、技措增产等工作，统筹制订生产运行方案，优化气井生产运行，提出天然气产量超百亿立方米目标。

2.进口长贸合同执行保障进口增量

2024 年，4 项 LNG 长贸合同将开始执行，预计新增进口量 28.2 亿立方米。2024 年尚处于合同递增期继续增供的项目 5 个，预计新增进口量 30.6 亿立方米。2024 年合同到期，减供或停供的项目有 4 个，减少进口 12.5 亿立方米。中俄东线按合同增供 80 亿立方米。预计 2024 年按进口长贸合同气量新增 126.3 亿立方米（表 5-4-1），考虑 Arctic LNG-2 液化项目受美国制裁，部分合同可能不能按期履约，实际供应气量存在一定不确定性。

表 5-4-1 2024 年 LNG 长贸合同变化情况

项目类型	项目名称	卖方	买方	新增规模（亿立方米）	合同年限（年）
新执行	Qatargas-RasGas	QatarEnergy	广东能源	14.0	10
	Centrica Portfolio	英国 Centrica	深圳燃气	6.9	15
	ADNOC LNG T1-3	ADNOC LNG	中国海油	5.5	2
	LNG Canada T1-2	LNG Canada	中国石油	1.8	25
递增	Arctic LNG-2	俄罗斯	中国海油	7.5	20
	Calcasieu Pass LNG	美国 Venture Global	中国海油	1.1	3
	Calcasieu Pass LNG	美国 Venture Global	中国石化	2.3	3
	Arctic LNG-2	俄罗斯	中国石油	7.5	20
	Corpus Christi LNG T3	美国 Cheniere	中国石油	9.4	20
到期	Mitsubishi Portfolio	Mitsubishi	广东能源	-1.2	—
	Origin Energy Portfolio	Origin Energy	新奥燃气	-2.9	—
	PETRONAS Portfolio	PETRONAS	中国海油	-6.9	—
	PNG LNG	Papua New Guinea	中国石化	-1.5	—
合计				46.3	

数据来源：标普全球、中国石油规划总院。

3.LNG 现货价格回落，进口气量有望大幅增长

从供应来看，2024 年国际油价仍处高位、能源转型效果体现不及预期，国际石油公司重新聚焦油气主业，IEA 预计全球天然气产量 4.21 万亿立方米，同比增速 2.4%（图 5-4-1）。2024 年全球计划投产 LNG 液化产能 3160 万吨，折合 436 亿立方米，但考虑项目具体投产时间不确定，LNG 资源实际供应量可能上下浮动。**从需求来看**，经济复苏促使亚洲天然气需求保持快速上涨态势，拉动全球天然气需求持续恢复，IEA 预计全球天然气需求总量 4.19 万亿立方米，同比增速 2.5%（图 5-4-2）。欧洲经济持续低迷，天

然气资源库存高企，并持续提升本土新能源供给能力，促进节能降耗，市场对 LNG 采购意愿不强。日本与韩国加快核电重启步伐，顶替一部分天然气发电需求。

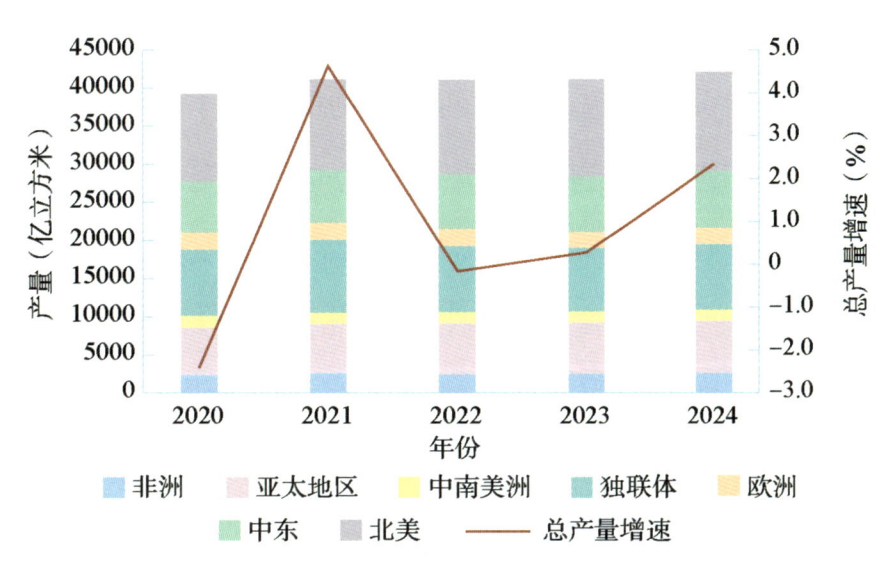

图 5-4-1　2020—2024 年全球天然气产量形势

数据来源："IEA Gas Market Report Q1-2024"

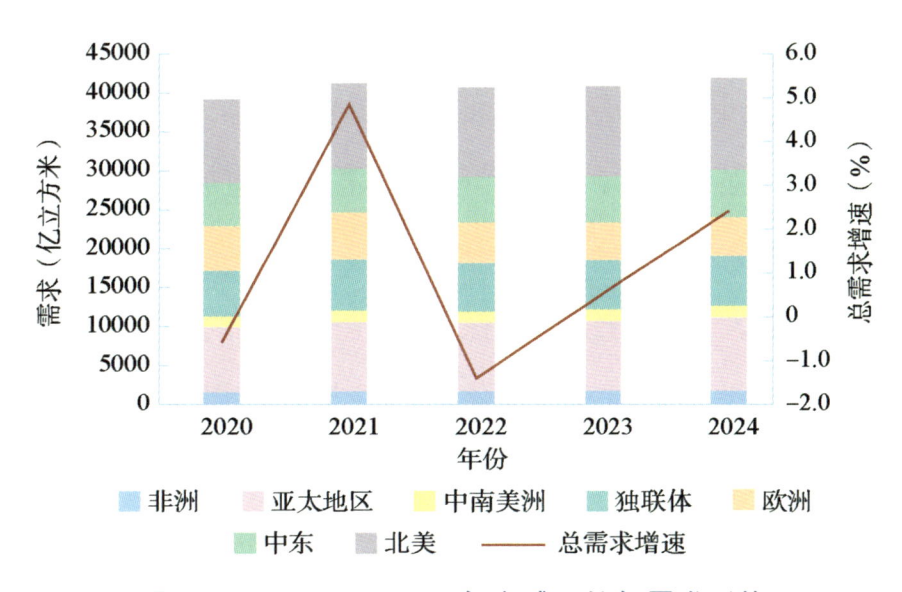

图 5-4-2　2020—2024 年全球天然气需求形势

数据来源："IEA Gas Market Report Q1-2024"

从贸易来看，2024年2月底欧盟呼吁成员国继续缩减天然气需求，并将原定于2024年2月到期的天然气限价举措延长至2025年1月底。上半年，在经历一个温和的冬季后欧亚地区天然气库存以高于2023年同期水平进入淡季，欧亚需求侧整体偏弱。下半年欧洲将继续扮演影响全球资源流向、决定LNG价格水平的关键角色，欧亚两大市场保持竞争态势，预计全年东北亚LNG现货价格呈现V形走势，全年均价为9～11美元/百万英热单位，同比下降5～7美元/百万英热单位。

随着全球天然气贸易资源相对宽松，东北亚LNG现货价格保持中低位水平，东北亚LNG现货采购条件进一步改善。我国沿海LNG接收站集中投产为第二梯队采购LNG现货资源奠定了良好基础，市场需求持续回暖进一步刺激低价LNG现货资源的采购需求。

二、三大利用领域引领市场快速发展

2024年是天然气市场由逐渐复苏向加快发展转变的一年，内需与外贸持续向好，LNG重卡销售旺盛，工业生产稳定增长，燃气电厂集中投产，为天然气市场注入强劲动力，预计全年表观消费量增加300亿～350亿立方米，增速7.6%～8.9%。

城镇燃气方面，始终围绕优先保障和改善民生的根本宗旨，加快天然气城镇配送网络建设，逐步替代液化石油气与人工煤气，预计新增气化人口2000万～2500万人；扩大内需继续扮演推动2024年中国经济发展主要驱动力的重要角色，公服商业、餐饮酒店、娱乐住宿等消费增加；北方地区"以气代煤"供暖改造节奏放缓，但非集中供暖地区燃气壁挂炉销量旺盛，预计2024年全国燃气壁挂炉销量达到200万～250万台；LNG重型卡车销售依然延续2023年旺盛态势，全年有望突破20万辆，并通过牵引、载货、自卸、专用等多种车型，进一步覆盖快递快运、普货物流、危险化学品、港口码头、矿山园区等物流市场。预计2024年城镇燃气需求量1405亿~1425亿立方米，同比增速6.8%~8.4%。

工业燃料方面，新基建对建材、钢铁、有色金属等基础材料，以及加工制造、运输装卸等新型工业设备的需求，为天然气在工业新领域扩大利用带来利好。新能源汽车、锂电池和光伏产品"新三样"产销量高速增长，在熔炼、煅烧、淬火等环节对天然气需求增加。《轻工业稳增长工作方案（2023—2024年）》在2024年持续发力，着力稳住医药、塑料、造纸等重点行业，同时执行《锅炉绿色低碳高质量发展行动方案》为天然气在锅炉供热、供蒸汽方面创造了有利条件。传统消费和耐用消费品以旧换新，传统制造业有望释放新活力。预计2024年工业燃料需求量1795亿~1815亿立方米，同比增速8.9%~10.1%。

发电方面，中国电力企业联合会预测2024年全社会用电量9.7万亿千瓦时，增速6.2%，与2023年基本保持一致。对全国在建天然气电厂进行梳理，2024年可能建成投产24座，总装机17516兆瓦（表5-4-2）。其中广东最多，预计投产14座，装机规模10075兆瓦；江苏预计投产3座，装机规模2314兆瓦；四川预计投产3座，装机规模3275兆瓦；重庆、湖南、浙江、山东各1座，装机规模分别为700兆瓦、980兆瓦、50兆瓦和122兆瓦。考虑到部分天然气电厂在2024年下半年，甚至年底才能建成投产，当年运营时长不足，预计新增天然气用量60亿~70亿立方米，全年消费量745亿~755亿立方米，同比增速8.8%~10.2%。

表 5-4-2　2024 年预计投产重点电厂

序号	项目名称	装机规模（兆瓦）	所在省市	预计投产时间
1	黄埔电厂 3 号机组	1×390	广东广州	2024 年 1 月
2	华能东莞燃机二期	2×500	广东东莞	2024 年 10 月
3	东莞宁洲厂址替代电源项目	1×700	广东东莞	2024 年 6 月第二台机组投产
4	东莞深燃天然气热电公司高埗电厂	2×470	广东东莞	2024 年 6 月
5	国电投东莞东城燃气热电联产扩建	1×470	广东东莞	2024 年 10 月
6	广东能源集团台山广海湾热电联产	1×700	广东江门	2024 年 4 月
7	国能肇庆电厂二期热电联产	2×400	广东肇庆	2024 年 3 月
8	广东粤电惠州大亚湾石化区综合能源站	1×665	广东惠州	2024 年 5 月
9	国家能源集团惠州大亚湾热电二期	2×500	广东惠州	2024 年 6 月
10	广东华电惠州东江燃机	2×535	广东惠州	2024 年 6 月
11	珠海深能洪湾电力热电联产项目	2×400	广东珠海	2024 年底
12	华能清远高新区燃机热电一期	2×120	广东清远	2024 年 4 月
13	国家能源集团广东石角热电一期	2×120	广东清远	2024 年 9 月
14	中国海油深圳电力升级项目	2×530	广东深圳	2024 年 10 月
15	江苏江阴燃机热电创新发展项目	2×489	江苏江阴	2024 年底
16	华能苏州燃气轮机创新发展示范项目	2×180	江苏苏州	2024 年 7 月
17	华电望亭电厂二期	2×488	江苏苏州	2024 年 10 月
18	四川能投广元燃机工程	2×700	四川广元	2024 年 7 月
19	四川华电内江白马电厂	1×475	四川内江	2024 年 11 月
20	川投集团资阳燃气电站	2×700	四川资阳	2024 年 11 月
21	华能两江电厂二期	1×700	重庆	2024 年 7 月
22	湘投国际衡东联合循环发电工程	2×490	湖南衡阳	2024 年底
23	宁波大榭热电四期	2×25	浙江宁波	2024 年 6 月
24	潍坊市寒亭区天然气分布式能源	1×122	山东潍坊	2024 年底
	合计	17516		

数据来源：中国石油规划总院根据公开资料整理。

三、基础设施继续保持稳定投产节奏

2024 年预计投产的长输干线管道包括西气东输三线中段中卫—枣阳段、海西管网二期工程福州—三明段、中俄东线嫩江支线、广东茂名—云安支线等（表 5-4-3）。

表 5-4-3 2024 年预计投产的天然气管道

管道名称	长度（千米）	管径（毫米）	压力（兆帕）	设计输量（亿米³/年）
西气东输三线中段中卫—枣阳段	1264.1	1219	10	250
海西管网二期工程福州—三明段	286	813	7.5	16
中俄东线嫩江支线	195	508	6.3	8.6
广东茂名—云安支线	159.7	324/610	6.3	13.2
南宁—凭祥支线（南宁—崇左段）	125	450	6.3	10
涩宁兰复线河口—临夏支线	114	406	6.3	8.3
桂东北天然气环网桂林—阳朔—荔浦段	106	406	6.3	8.4
西气东输二线富平支线	25.8	406	6.3	15.5

数据来源：中国石油规划总院。

2024 年预计投产的 LNG 接收站有 10 座，新增接收能力共 3880 万吨/年（表 5-4-4）。其中，山东投产 3 座，新增接收能力共 1600 万吨/年；广东投产 4 座，新增接收能力共 1580 万吨/年；浙江、福建、江苏各投产 1 座，新增接收能力分别为 200 万吨/年、300 万吨/年和 200 万吨/年。

表 5-4-4 2024 年预计新投产 LNG 接收站

省份	项目名称	设计能力（万吨/年）	储罐罐容（万立方米）	所属企业
山东	保利协鑫烟台西港接收站	500	5×20	保利协鑫
山东	龙口南山接收站一期	500	6×22	国家管网
山东	山东龙口 LNG	600	4×22	中国石化
广东	迭福北 LNG 调峰站	300	2×20	国家管网

续表

省份	项目名称	设计能力（万吨/年）	储罐罐容（万立方米）	所属企业
广东	阳江海陵湾接收站一期	280	2×16	广东能源
	惠州LNG接收站	400	3×20	广东能源
	潮州华瀛LNG接收站	600	3×20	华瀛天然气
浙江	君安申能大麦屿接收站	200	2×10	君安能源
福建	漳州接收期一期	300	2×16	国家管网
江苏	嘉盛燃气LNG储备站	200	2×10+1×16	嘉盛燃气
	合计	3880	600	

数据来源：中国石油规划总院。

未来五年是国内天然气市场培育新动能、实现新发展的关键时期，发电市场加快培育壮大，逐步开创城镇燃气、工业燃料、天然气发电"三足鼎立"的新局面，2024—2028年天然气需求量年均增速在5%左右。

第五节 专题分析

一、天然气在新型能源体系中的地位与作用

新型能源体系具有能源结构新、系统形态新、产业体系新、治理体系新、供应链韧性强等特征。未来新型能源体系将发展成为以非化石能源为供给主体，以清洁低碳利用的化石能源为必要支撑，以新型电力系统为重要依托，以科技创新为主要驱动力，以体制机制创新为重要保障，供需交互、产消协同、多能融合互补，终端用能低碳化、电气化水平不断提高。天然气将为能源加快清洁低碳转型、促进新型能源体系建设做出重要贡献。

一是在新型电力系统中的定位为关键性支撑电源。在加速转型期（2030年前），主要承担新型电力系统辅助电源作用，东部负荷中心作为调峰电源

和热电联供基础电源，天然气与电力冬夏峰谷互济、南北峰谷互补；西部地区主要与风光水多能互补，促进大规模新能源开发。在总体形成期（2030—2045年），燃气发电加大与新能源融合项目建设力度，并作为灵活性电源主力，共同支撑以新能源为主体的新型电力系统。在巩固完善期（2045—2060年），煤电机组加快淘汰，灵活电源逐步完成CCUS技术改造。"气电+CCUS"承担长周期调峰和应急保障作用，生物质天然气、天然气掺氢、纯氢等"零碳气体"部分替代常规天然气发电。

二是在工业用能系统中定位为补位和替代高污染燃料、助力减污降碳协同增效的升级能源。我国工业用能结构中高碳化特点突出，煤炭消费占比超过40%，远高于全球28%的平均水平；天然气占比不到9%，比全球平均水平低10个百分点。随着《工业领域碳达峰实施方案》和《关于进一步推进电能替代的指导意见》逐步实施，工业用能电气化、低碳化水平将不断提高。电气化改造重点目标为工业生产过程1000℃以下中低温热源，天然气在工业领域重点利用方向是难以被电能替代的玻璃、陶瓷、保温、耐火材料等1000℃以上高温生产场景，特别是能耗大、经济承受力高的玻璃、高端陶瓷两大行业。

三是在城镇燃气用能系统中定位为长期发挥保供稳价的基础能源。保障民生用气是天然气行业发展的第一使命，早在2007年国家发展改革委发布的《天然气利用政策》，即确立了"确保天然气优先用于城镇燃气"的发展原则，2012年调整的《天然气利用政策》进一步明确了"保民生、保重点、保发展"的发展思路，2023年9月发布的《天然气利用政策（征求意见稿）》继续强调"三保"原则。相比人工煤气与液化石油气，天然气更加安全、清洁、便捷，多年来，民生领域的天然气资源得到优先保障，未来

也将始终坚持毫不动摇、优先满足人们对美好生活向往的需要。

四是在交通运输用能系统中定位为低碳转型的过渡能源。 2030年前，在电动乘用汽车加快发展的时代趋势下，压缩天然气（CNG）汽车用气逐渐萎缩。与柴油重卡相比，当前电动汽车电池能量密度仍然偏低，发展受限，而 LNG 重卡在全生命周期中以其成本优势保持快速增长节奏，带动 LNG 用气需求增长，预计 2030 年前后交通运输领域 LNG 需求达到峰值。2040 年前后，随着电动重卡、氢动力车技术突破并大规模商业化投运，LNG 汽车用气需求将逐渐萎缩。沿海内河 LNG 动力船舶增长潜力有限，LNG 远洋动力船舶在国际海事组织（IMO）控排政策约束下，保税加注用 LNG 有望突破千万吨。

五是在化工用能系统中定位为化肥甲醇生产的重要原料。 重点保障农业生产用肥需要，而天然气制甲醇价格承受能力低，将根据市场需求以需定产，并逐步被煤制甲醇或进口甲醇替代。制氢用气受到新能源制氢冲击，存在较大不确定性。

二、国际 LNG 现货市场特征与变化趋势

国际上对 LNG 现货没有统一定义，国际天然气联盟（IGU）对 LNG 现货贸易定义为合同期少于 5 年的交易，以及长期合同中超出的部分。从实际交易规模来看，**亚洲市场主导全球 LNG 现货贸易，整体比例呈现上涨趋势，并在近几年趋于平稳。** 在 2004 年之前，LNG 现货贸易量所占比例在 10% 以下，2011 年迅速增加到 25%，2020—2023 年保持在 31% 左右。亚洲市场 LNG 现货贸易相比欧洲等市场更为活跃，包括日本核事故导致的需求端预期增长以及马来西亚、印度尼西亚部分生产国供给下降，亚洲买方开始转向美国、加拿大等环大西洋的生产商购买 LNG 现货，补充资源供应。

2023年亚洲现货进口占全球LNG现货贸易总量的68%，而欧洲占比为24%，其他地区占比8%。**从交易价格来看，处于价格平稳时期LNG市场价格走势呈现连续性、周期性及联动性三大特征，而在价格震荡时期LNG市场颠覆常规规律，特殊事件决定了市场价格走向。**据统计，2013—2019年相邻两个月的LNG现货到岸价格变化在±1美元/百万英热单位范围内的月份占比达到88%，具有明显连续性特征。受天然气需求季节性规律影响，LNG现货价格呈现明显的U形周期性变化，一、四季度处于价格高位，二、三季度相对偏低。买方市场属性决定了东北亚现货价格与欧洲市场价格之间具有较强的联动性，市场参与者根据货源采用"JKM/TTF+升贴水"的形式报价，2013—2019年欧洲TTF与东北亚价格相关系数为0.85。自2020年以来，东北亚LNG现货价格宽幅震荡，极端天气、基础设施破坏、战争冲突、工厂停工等消息面因素极易引发市场恐慌情绪，导致价格大幅上涨；新冠疫情、气象预报、库存充裕、替代能源价格下降等消息面导致价格大幅降低。**从交易方式来看，近年来全球LNG现货招标批次增长迅速，其中采购招标批次较多。**2016年全球LNG现货招标数量为189次，2020年以来已超过400次/年，国际LNG现货交易的流动性明显提高，其中采购招标占总招标批次的50%～70%，反映整体现货市场交易仍以卖方主导。在招标数量上，单次招标货量基本稳定在2船左右，全年成交量为400～600船，占现货总贸易量的20%～30%，而截标时间则从2016年的6～7天缩短至近两年的2～3天，反映了国际LNG招标方决策越来越果断迅速。

未来国际LNG现货市场将由卖方市场逐渐向买方市场转变。2024—2025年，欧盟、日韩等传统市场基于经济与能源安全的考量，继续执行天然气减量替换计划，扩大新能源、核能等本土清洁能源开发利用，LNG国

际贸易需求将逐渐从高位回落。随着"十五五"期间新一轮新增液化能力逐渐投产，预计2027—2030年全球LNG供应过剩的概率增大，买方在现货LNG市场的话语权增强。标普全球预测，2028年东北亚JKM现货全年均价将降至8.5美元/百万英热单位，与美国HH全年平均价差将降至4美元/百万英热单位以下，JKM可能在当年非采暖季的大约3个月时间低于美国的短期边际成本，从而导致一些液化工厂降低出口的风险增加。从2030年开始，欧洲的天然气预计将趋向于新供应来源的边际成本，即美国LNG交付的长期边际成本，这代表了全球LNG贸易市场的重大转型时期开始到来。

第六章
新能源市场

观点摘要

> 2023 年

- **光伏发电实现跨越式发展。** 新增光伏并网装机容量同比增长 148.1%，全国光伏组件产量同比增长 69.3%。

- **风力发电进入发展快车道。** 新增风电装机容量同比增长 20.7%，风电发电量同比增加 12.3%。

- **新型储能快速发展。** 新增新型储能装机规模同比增长 194%，已投运新型储能同比增长 163%。

- **氢能全产业链加快发展。** 绿氢生产能力达 7.8 万吨/年，建成输氢管道超 150 千米，建成加氢站 428 座。

- **生物液体燃料供需呈差异化发展。** 生物液体燃料产量折标准油 452 万吨，消费量折标准油 274 万吨。

- **新能源大基地全面推进。** 国家加快推进新能源大基地规划建设，拓宽消纳途径，创新发展模式，提高项目经济性。

> 2024 年及未来五年

- **新能源仍将保持发展势头。** 光伏产业保持稳健发展，风电保持高增长态势，锂离子电池仍是新型储能装机的主要形式，氢能产业规模将持续扩大，国内生物液体燃料供需均继续增长。

第一节　光伏发电

一、2023年市场发展特点

2023年中国新增光伏并网装机容量216.9吉瓦，同比增长148.1%（图6-1-1）；累计光伏并网装机容量609.5吉瓦，同比增长55.2%，新增和累计装机容量均为全球第一。光伏全年发电量5833亿千瓦时，同比增长36.4%，约占全国全社会用电量的6.3%。

图6-1-1　2018—2023年中国新增光伏并网装机容量及增长率

数据来源：国家能源局

1. 全国光伏产业链实现跨越式发展

硅片方面，2023年随着头部企业加速扩张，全国硅片产量约622吉瓦，同比增长67.5%。

晶硅电池片方面，2023年全国电池片产量约545吉瓦，同比增长64.9%。

组件方面，2023 年全国光伏组件产量达 499 吉瓦，同比增长 69.3%，以晶硅组件为主。

2.光伏制造产能"出海"加速

国内市场极度"内卷"，让光伏企业"出海"迫在眉睫。2023 年以来，超 19 家光伏企业计划在海外投资建厂，建设范围涵盖光伏全产业链，其中硅片、电池、组件环节规划产能已超 90 吉瓦。从建设选址情况来看，除东南亚外，美国以及中东等一些国家和地区成为我国光伏企业海外建厂的重点区域。

3.技术迭代加速

2023 年，我国组件环节投产的项目达到 47 个，落地产能 269.95 吉瓦。其中，TOPCon 组件项目投产 31 个，落地产能达 207.6 吉瓦；HJT 项目投产 10 个，落地产能达 34.4 吉瓦；钙钛矿项目投产 1 个，产能为 0.15 吉瓦。从技术路线来看，TOPCon 组件项目无论从投产项目数量还是从产能规模，都远在 HJT 项目和钙钛矿项目之上，TOPCon 电池和组件仍是市场主流产品。

目前，全球晶硅-钙钛矿叠层电池效率的最高纪录由隆基绿能保持。2023 年 11 月 3 日，据美国国家可再生能源实验室（NREL）最新认证报告，由隆基绿能自主研发的晶硅-钙钛矿叠层电池效率达到 33.9%。光伏电池转换效率的提高意味着同等面积吸收太阳光发电量更多。组件的转换效率每提高 1 个百分点，可以为电站节约成本 5%以上。

4.光伏组件价格断崖式下降

"内卷""产能过剩"和"降价"是 2023 年中国光伏产业最具话题性的词汇。在产业链端，上游的硅料价格从年初最高点的 24.24 万元/吨一路下滑，硅料价格降幅超70%。2023年初，单玻182毫米、210毫米尺寸的单晶PERC组件成交均价均为1.83元/瓦，到年底单玻182毫米单晶PERC组件成交均价降至0.96元/瓦，210毫米单晶PERC组件成交均价为1.00元/瓦。另外，2023年虽是N型组件替代P型组件的量产大年，但二者价差微乎其微，到年底双玻182毫米尺寸的TOPCon组件成交均价低至1.03元/瓦，最低价格为0.90元/瓦。预计2024年光伏组件价格将在1.00元/瓦上下波动。

5.光伏并网发电项目收益风险增大

电价是影响新能源电站收益的关键因素之一。为引导合理有序开发新能源项目，电价政策通常作为监管部门的一种调控手段。据统计，截至2023年12月，全国已有10个省份在部分月份的中午实行低谷电价。光照条件较好的中午时段电价由峰转谷，导致项目收益减少，投资回报周期延长，部分项目受政策影响需要重新谈判而陷入纠纷。受外送通道限制，并网发电属于"买方市场"。在全国电力现货市场改革的大趋势下，甘肃2024年光伏电站9:00—17:00时段内上网电价交易价格不超过0.1539元/（千瓦·时）的政策已发布，打响了发电侧分时电价第一枪。2023年12月5日，新疆维吾尔自治区发展和改革委员会发布《关于2024年新疆电网优先购电优先发电计划的通知》，提出非平价光伏优先利用小时数800小时（其中，列入第一批发电侧光伏储能联合运行试点的项目再增加100小时），低保障小时数成为事实。

二、2023年市场重大事项

1.陆上光伏电站

1）全球最大单体光伏电站

艾尔达芙拉（AI Dhafra）PV2光伏电站项目，是中国"一带一路"倡

议下的旗舰项目。项目位于阿布扎比附近的沙漠地区，占地面积约 20 平方千米，装机容量 2.1 吉瓦，配备近 400 万块光伏板、30 万根桩基、3 万套追踪式支架、2000 余台清扫机器人、8000 个组串式逆变器、超过 15000 千米电缆，电站性能、发电效率均世界领先，可供 20 万户居民用电。电站由阿布扎比国家能源公司（TAQA）与马斯达尔（Masdar）主导，整座电站的发电设备（包括光伏组件、跟踪式支架、清扫机器人等）采用中国技术和中国产品。

2）全球最大高原光伏电站

2023 年 5 月，西藏自治区昌都市芒康昂多 1800 兆瓦光伏发电项目开工。场址区域海拔 4200～4800 米，是目前全球在建规模最大、海拔最高、生态环保措施最完善的清洁能源发电项目。项目建成后，预计年发电量约 54 亿千瓦时，年可节省标准煤约 167 万吨，减少二氧化碳排放 374 万吨。

3）全球海拔最高光伏电站

2023 年 12 月 30 日，全球最高海拔的光伏发电项目——西藏才朋光伏电站正式并网发电。西藏才朋光伏电站位于西藏自治区山南市海拔 4994～5100 米的高原上，装机规模 50 兆瓦。项目建设过程中，克服了人员及设备"高原反应"的不利影响，首次在 5000 米超高海拔地区应用国产光伏组件、逆变器、箱式变压器等设备，投产后预计年可提供清洁电能 9000 万千瓦时，减少二氧化碳排放 9.2 万吨。

4）全球规模最大的"源网荷储"一体化示范工程

乌兰察布示范项目建设规模 200 万千瓦（分三期建设），其中风电 170 万千瓦、光伏发电交流侧容量 30 万千瓦，配套储能 55 万千瓦。该项目是国内首个储能配置规模达到千兆瓦时的新能源场站，也是全球规模最大的

"源网荷储"一体化示范项目。项目建成后，预计年发电量约 63 亿千瓦时，相当于节约标准煤约 203 万吨，减少二氧化碳排放约 520 万吨。

5）全国最大露天矿排土场光伏电站

2023 年 12 月 25 日，国家电投白音华自备电厂可再生能源替代工程 300 兆瓦光伏项目一期并网发电。该项目是全国最大露天矿排土场光伏项目，占地面积约 8331.3 亩[1]，项目全容量投产后年发电量 4.5 亿千瓦时，相当于节约标准煤 13.5 万吨，减少二氧化碳排放 37.2 万吨。露天矿排土场是露天矿山采矿过程中排弃物集中排放的场所，普遍存在地形起伏高差较大、植被覆盖率低、裸露地表扬尘大等问题。通过开展"矿山治理+新能源建设"，在排土场上安装光伏板，不但可使地表蒸发水量降低 20%～30%，而且还能有效降低风速，充分实现了"板上光伏发电、板下生态治理"的立体利用，改善了植物的生存环境，有效促进了矿区环境的综合治理。

2.水面光伏电站

1）全球最大海上光伏电站

2023 年 11 月，山东省东营市 100 万千瓦海上光伏项目在东营市广利港正式开工，该项目是目前全球最大的海上光伏项目，也是国内首个吉瓦级海上光伏项目。该项目位于东营市莱州湾海域，场址中心距海岸 8000 米，场址水深 1～4 米。该项目建成后，预计年发电量 17.8 亿千瓦时，相当于节约标准煤 59.45 万吨，减少二氧化碳排放 144.1 万吨。

2）全球首个百米级深水区漂浮光伏电站

2023 年 11 月 9 日，印度尼西亚奇拉塔（Cirata）漂浮光伏电站实现全容量并网。项目位于印度尼西亚西爪哇省的 Cirata 水电站水库，总覆盖面

---

[1] 1 亩=666.7 平方米。

积约 250 公顷❶，总装机容量 192 兆瓦，是首个百米级深水区水面光伏项目。场址水深 100 米，水位变幅 18 米，水底高程差 50 米。Cirata 漂浮光伏电站项目入选印度尼西亚国家级重点战略方针项目，是东南亚地区最大、世界上投建最深的漂浮光伏发电项目。

3）全球最大渔光互补光伏电站

2023 年 11 月，全球最大渔光互补光伏电站——滨州沾化区 2 吉瓦渔光互补发电项目一期工程实现全容量并网发电。项目位于山东省滨州市沾化区临港产业园，总占地面积 65995 亩，建设场址为滨海滩涂（海水养殖池塘），装机容量 2 吉瓦，项目分五期建设，一期工程共建设约 513 兆瓦，累计完成桩基施工近 3 万根，光伏支架安装 4300 余吨，光伏组件安装超过 21 万块。项目二期工程已全面启动，桩基施工 21254 根，支架安装 2813 吨，组件安装 115253 块，预计 2024 年全容量并网发电。

4）全国首个大规模近海桩基固定式海上光伏电站

2023 年 12 月 26 日，全国首个大规模近海桩基固定式海上光伏项目——烟台招远 400 兆瓦海上光伏项目正式开工。该项目总规划面积约 6.44 平方千米，由 121 个光伏子阵组成。项目建成后，预计年平均发电量 6.9 亿千瓦时。项目所用光伏组件为国内首款具有完全自主知识产权、适应海洋特殊环境的双面双玻高效单晶异质结组件。

5）全国单体规模最大漂浮式光伏电站

2023 年 12 月 27 日，我国单体规模最大的漂浮式光伏电站——安徽阜阳南部风光电基地水面漂浮式光伏电站实现全容量并网。该电站总装机容量 65 万千瓦，由 122 个超大型光伏矩阵构成，共包含光伏组件 120 万块，

---

❶ 1 公顷=10000 平方米。

年平均发电量约 7 亿千瓦时，是我国综合利用采煤沉陷区闲置水面最多的水面漂浮式光伏电站，对构建具有自我调节能力的水域生态系统、促进长三角能源结构转型具有重要意义。

6）全国首个半潜式海上光伏电站

2023 年 11 月 22 日，国内首个半潜式海上光伏发电平台在山东省烟台市附近海面上投产。该项目装机总容量 400 千瓦，配置 4 个浮体方阵，可在浪高 6.5 米、风速 34 米/秒、潮差 4.6 米的开阔性海域安全运行。

3.不同类型光伏组件电站

1）全国最大单体 N 型组件光伏电站

2023 年 8 月，四川省装机规模最大的新能源项目、雅砻江流域水风光互补绿色清洁可再生能源示范基地——雅砻江扎拉山光伏电站正式开工建设。电站位于四川省凉山州盐源县，场址区域海拔 3200～4200 米，安装 245 万块 N 型光伏组件、5138 台组串式逆变器和 367 台箱式变电站，装机规模达 117 万千瓦，是全国最大单体 N 型组件光伏电站。项目总投资超 60 亿元，年均发电量 21.5 亿千瓦时，计划于 2025 年全容量并网发电。

2）全球最大单体异质结光伏电站

2023 年 12 月，保加利亚 Apriltsi Village 光伏电站建成投产。该电站装机规模 400 兆瓦，是全球规模最大的单体异质结太阳能电站。电站全部采用高效异质结光伏组件，异质结组件兼具"四高"（高效率、高功率、高双面率、高可靠性）优势和"四低"（低温度系数、低光致衰减、低电势诱导衰减、低碳排放）特性，发电量和使用寿命显著优于传统组件，能有效降低平衡系统成本（Balance of System，BOS）和平准化度电成本（Levelized Cost of Electricity，LCOE），在提升投资回报率的同时可大幅降低碳排放。

3）全球首个商用兆瓦级钙钛矿光伏电站

2023年11月29日，全球首个商用兆瓦级钙钛矿光伏项目在内蒙古自治区鄂尔多斯市杭锦旗库布其沙漠腹地成功并网。该项目装机容量1兆瓦，占地40亩，共安装钙钛矿光伏组件11200块，依托蒙西基地库布其200万千瓦光伏治沙项目配套建设。该电站的建成投产运行将为进一步推广钙钛矿组件商业应用提供可靠数据支撑。

三、2023年重要政策解读

1.政策持续推动新能源开发利用

2023年4月6日，国家能源局发布《2023年能源工作指导意见》，文件指出，巩固风电光伏产业发展优势，持续扩大清洁低碳能源供应，积极推动生产生活用能低碳化清洁化，供需两侧协同发力巩固拓展绿色低碳转型强劲势头。大力发展风电太阳能发电，推动第一批以沙漠、戈壁、荒漠地区为重点的大型风电光伏基地项目并网投产。大力推进分散式陆上风电和分布式光伏发电项目建设。推动绿证核发全覆盖，做好与碳交易的衔接，完善基于绿证的可再生能源电力消纳保障机制，科学设置各省（区、市）的消纳责任权重，全年风电、光伏装机增加1.6亿千瓦左右。

2.消纳能力成为扩大新能源开发的制约因素

2023年6月2日，国家能源局组织发布的《新型电力系统发展蓝皮书》明确，集中式光伏发电和风电接网、送出，以及分布式光伏接网承载力受限的问题，均让新能源消纳遭遇挑战。新能源消纳问题是一项系统性工程，需要源网荷储各个环节协同发力予以解决。同时，在项目开发问题上需要全盘考量，做好开发管理工作，做深做细，把控新能源接入和送出的风险，以免造成经济损失。新型电力系统是以确保能源电力安全为基本前提，以满足经济社会高质量发展的电力需求为首要目标，以高比例新能源供给消纳体系建设为主线任务，以源网荷储多向协同、灵活互动为有力支撑，以坚强、智能、柔性电网为枢纽平台，以技术创新和体制机制创新为基础保障的新时代电力系统，是新型能源体系的重要组成部分和实现"双碳"目标的关键载体。

3.土地资源成为分布式光伏最大的制约因素

2023年3月20日，自然资源部办公厅、国家林业和草原局办公室、国家能源局综合司三部门联合印发《关于支持光伏发电产业发展规范用地管理有关工作的通知》，文件指出，土地成本在很大程度上增加了光伏建设的系统成本[中西部省份光伏电站土地租赁费用为200～300元/（亩·年），山东、江苏及河北部分地区达到700～800元/（亩·年），浙江某光伏竞价项目的土地租金飙至2500元/（亩·年）]；2023年光伏组件集采出现0.919元/瓦的报价；某区块71.7兆瓦光伏征地费用6962万元，单位建设投资增加0.97元/瓦，每瓦土地费用与组件价格基本相当。文件强调，重点围绕引导项目合理布局、实行用地分类管理、加快办理用地手续、加强用地监管、稳妥处置历史遗留问题五个方面进行统筹部署，鼓励利用未利用地和存量建设用地发展光伏发电产业。在严格保护生态前提下，鼓励在沙漠、戈壁、荒漠等区域选址建设大型光伏基地；对于油田、气田以及难以复垦或修复的采煤沉陷区，推进其中的非耕地区域规划建设光伏基地。新建、扩建光伏发电项目，一律不得占用永久基本农田、基本草原、Ⅰ级保护林地和东北内蒙古重点国有林区。

4.各种"光伏+"助力提高开发收益

2023年1月17日，工业和信息化部等六部门联合发布《关于推动能源电子产业发展的指导意见》，文件明确，推进光伏产业集中式和分布式开发

利用协同并举。因地制宜发展分散式风电、分布式光伏、农光互补、渔光互补，推进"光伏+设施农业"等低碳农业模式，提高农村能源自给率。提升太阳能光伏和新型储能电池供给能力，发展先进高效的光伏产品及技术。加快智能光伏创新突破，推动高效电池等先进技术的研发应用，提升规模化量产能力。探索建立光伏"碳足迹"评价标准并开展认证。加快构建光伏供应链溯源体系，推动光伏组件回收利用技术研发及产业化应用。

5.绿色收益助力提高光伏开发收益

2023年7月25日，国家发展改革委、财政部、国家能源局联合印发《关于做好可再生能源绿色电力证书全覆盖工作 促进可再生能源电力消费的通知》，文件明确表示，绿证是我国可再生能源电量环境属性的唯一证明，是认定可再生能源电力生产、消费的唯一凭证。绿证和绿电交易规模的快速增长显示出我国绿色电力推广速度明显加快，将绿证核发范围从陆上风电和集中式光伏发电项目扩展到全国风电、太阳能发电、常规水电、生物质发电、地热能发电、海洋能发电等已建档立卡的可再生能源发电项目所生产的全部电量，基本实现了可再生能源发电项目的全面覆盖，进一步激发绿证交易市场活力。

6.分布式光伏余电上网难度增大

2023年6月1日，国家能源局综合司发布的《关于印发开展分布式光伏接入电网承载力及提升措施评估试点工作的通知》提出，将存在接网消纳困难的县（市）名单及低压配网接网预警等级通过各省发展改革委（能源局）官方网络渠道向社会发布，并报全国新能源消纳监测预警中心同步发布，合理安排分布式光伏备案规模和建设时序，引导企业、居民做好分布式光伏开发建设工作。对于具备条件的省份，鼓励进一步探索建立政企协同的可开放容量发布机制。省级能源主管部门可以组织电网企业通过合适渠道逐站、逐线、逐台区公布可开放容量。不存在接网消纳困难的县（市），应按照现有政策规定做好本年度分布式光伏接网工作，不得以变电容量不足、接网存在问题等理由拒绝符合条件的分布式光伏备案、接网，或设置其他前置条件。存在接网消纳困难的县（市），按照现有条件做好接网工作，并严格落实分布式光伏接网能力提升措施。为解决分布式光伏接网受限等问题，拟选择山东、黑龙江、河南、浙江、广东、福建 6 个试点省份，每个省选取 5~10 个试点县（市）开展为期 1 年的分布式光伏接入电网承载力及提升措施评估试点工作，逐步探索积累经验，为全面推广相关政策措施奠定基础。

7.退役光伏设备循环利用市场有序发展

2023 年 7 月 21 日，国家发展改革委等部门发布《关于促进退役风电、光伏设备循环利用的指导意见》，要求积极构建覆盖绿色设计、规范回收、高值利用、无害处置等环节的风电和光伏设备循环利用体系，明确强化保障措施，从技术研发、资金政策支持、标准规范体系、产业培育等方面细化有关部署。

四、2024 年市场发展研判与未来五年展望

预计 2024 年全面新增发电装机容量将超 3 亿千瓦，其中光伏新增装机容量 1.9~2.2 亿千瓦。预计到 2024 年底，我国新能源发电累计装机容量将达到 13 亿千瓦左右，占总装机容量比重上升至 40%左右，新能源装机容量有望首次超过煤电。

1.国家政策利好可再生能源行业发展

随着全球能源加速向低碳、零碳方向演进，可再生能源逐步成长为支

撑经济社会发展的主力能源。在"双碳"目标催动下，我国能源绿色低碳转型行动进一步提速，《"十四五"现代能源体系规划》《"十四五"可再生能源发展规划》《关于完善能源绿色低碳转型体制机制和政策措施的意见》等政策均为可再生能源行业发展确立了明确目标，推动我国可再生能源进入高质量跃升发展新阶段。

2.可再生能源发电行业享受国家多项税收优惠

为助力我国能源结构绿色低碳转型，充分体现税收对市场主体绿色低碳发展的促进和激励作用，根据国家税务总局发布的《支持绿色发展税费优惠政策指引》等有关政策，我国从支持环境保护、促进节能环保、鼓励资源综合利用、推动低碳产业发展四个方面，实施了多项支持绿色发展的税费优惠政策，其中包括对水力发电、光伏发电和风力发电产业的税收优惠，如对符合条件的风力发电项目增值税实行即征即退50%的政策；在企业所得税方面，对符合《公共基础设施项目企业所得税优惠目录》规定的公共基础设施项目投资经营范围，享受自生产经营产生发电收入年度起"三年免征、三年减半征收企业所得税"的税收优惠政策；符合西部大开发战略税收优惠相关事项的，自2011年1月1日至2030年12月31日，按15%税率征收企业所得税，免税期不受影响等。税收优惠政策对可再生能源行业的发展起到了直接、有效的经济激励作用。

3.全球光伏发电持续增长

2023年12月13日，在联合国应对气候变化框架公约第28届缔约方大会上，全球共116个国家签署了《全球可再生能源和能源效率承诺》，同意到2030年将全球可再生能源发电装机容量增加两倍，并将全球能源效率的年均提高率翻一番。在全球能源转型的大背景下，光伏行业的发展潜力巨大。欧美市场在增长目标强化和补贴政策落地的情况下，随着利率下行，增长动能有望明显强化，而印度、巴西等新兴市场有望受益于光伏成本大幅下降，刺激需求加速释放，2024年全球光伏新增装机规模预计为390～430吉瓦。

4.光伏发电装机成本不断下降

光伏发电系统的核心部件是晶硅电池串联而成的光伏组件，其技术发展水平直接决定了光伏发电系统的太阳能转换效率及发电效能。在全球能源绿色转型的趋势下，得益于积极的产业政策与旺盛的市场需求，国内企业近年来持续加大光伏组件环节的投资和技术革新，推动生产成本持续下降。随着产业链技术进步及各环节新建产能的逐步释放，光伏组件、逆变器等关键设备造价的下降将进一步降低发电企业成本。

5.国内光伏发电快速进入电力市场

早在2022年，国家发展改革委、国家能源局发布《关于加快建设全国统一电力市场体系的指导意见》，提出到2030年，全国统一电力市场体系基本建成，适应新型电力系统要求，国家市场与省（区、市）/区域市场联合运行，新能源全面参与市场交易，市场主体平等竞争、自主选择，电力资源在全国范围内得到进一步优化配置。在电力交易大势下，新能源项目的竞争电价比例将逐渐扩大。无论是集中式光伏还是分布式光伏，上网电价机制都面临调整。例如，湖南省政策提出"十四五"末实现全电压等级所有分布式光伏全部进入市场；山东省分布式光伏市场探索分时上网电价机制等，固定上网电价机制变革在即。

未来五年，在全球能源低碳化和中国"双碳"目标驱动下，光伏产业将迎来进一步快速发展。从全球范围看，在当前光伏组件价格不到1.00元/瓦的情况下，光伏发电成本优势非常突出，光伏产业在技术创新、产业链整合以及积极拥抱全球化等方面的不懈努力，将进一步驱动全球潜在需求充分释放，预计2028年全球光伏新增装机规模为480～560吉瓦，年平均增

速为 20%左右。国内光伏在产业规模、技术水平、应用市场拓展、产业体系建设等方面均位居全球前列，预计 2028 年国内光伏新增装机规模为 200 吉瓦左右，年平均增速为 10%左右，夯实了中国光伏企业在国际竞争中的优势地位，为光伏产业可持续发展奠定了坚实基础，也为中国经济发展和绿色低碳转型带来创新驱动力。

第二节 风力发电

一、2023 年市场发展特点

截至 2023 年底，全国风电装机容量累计约 4.4 亿千瓦，约占全国总装机容量的 15.07%；2023 年新增风电装机容量 7590 万千瓦，同比增长 20.7%（图 6-2-1）；全国发电设备累计平均利用 3592 小时，其中风电 2225 小时，同比提高 7 小时；全国风电发电量 8090.5 亿千瓦时，约占全国总发电量的 9.08%。

图 6-2-1　2019—2023 年中国新增及累计风电装机容量对比

数据来源：国家能源局

1. "三北"地区仍是装机主要区域

截至 2023 年底，内蒙古、新疆、云南风电总装机容量持续领跑，位居全国各省份前三（图 6-2-2）。内蒙古、新疆、云南、甘肃等省份风电新增并网装机容量居前，总体上"三北"（东北、华北北部和西北）地区仍是风电装机的主要区域。

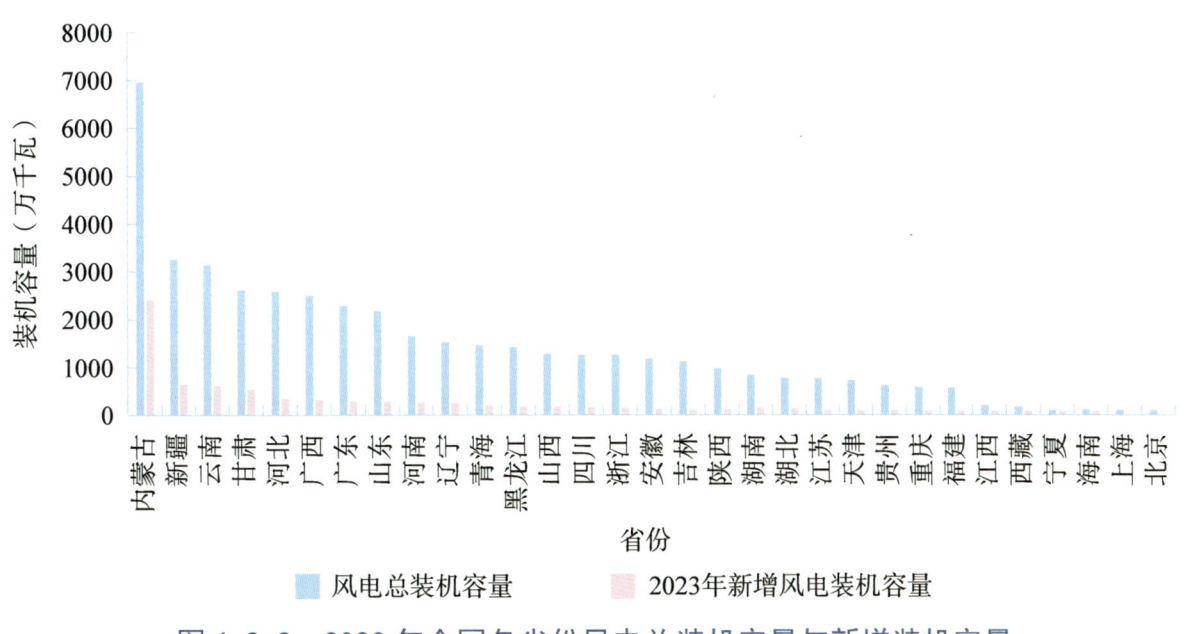

图 6-2-2　2023 年全国各省份风电总装机容量与新增装机容量

数据来源：中国电力企业联合会、国家能源局

2. 风机迈入大型化时代关键部件国产化

风电机组单机容量不断获得突破，陆上主流机型由 5～7 兆瓦持续迈进，多家整机制造企业 7～8 兆瓦机型陆续下线并吊装，部分风机企业已经推出 10 兆瓦左右的陆上机组，并投入应用，头部风机企业开始着手研发 12～15 兆瓦单机容量的陆上机组。

海上风电机组迈入双位数时代，头部的海上风机企业已经推出 16～18 兆瓦的海上风电机组并完成安装示范，后续将推出单机容量 20 兆瓦以上的机组。

海上风电机组核心关键部件全面国产化，全球最大单机容量 18 兆瓦海上风电机型下线，叶轮直径 260 米的叶片成功研制，漂浮式风机实现了零的突破，全球首台 16 兆瓦超大容量海上风电机组投入商业化运营，大容量海上风电机组主轴承和 PLC 主控系统已达到 100%"中国造"。产业链上下游企业多维度协同，有力推动了我国海上风电实现高质量发展。

3.风机中标价格整体呈现稳定趋势

2023 年风机制造所需原材料中厚板价格下跌，风机大型化和产业链规模化发展，风电机组价格小幅下降，2023 年陆上风电机组（不含塔筒）均价在 1500 元/千瓦左右低位震荡，国内陆上风电项目单位投资在 4000 元/千瓦上下波动，海上风机（含塔筒）的中标均价则围绕 3600 元/千瓦小幅震荡，风机中标价格整体呈现稳定趋势。

二、2023 年市场重大事项

1.全球首台 16 兆瓦海上风电机组成功并网发电

2023 年 7 月 19 日，全球首台 16 兆瓦海上风电机组成功并网发电，标志着我国海上风电大容量机组研发制造及运营能力再上新台阶，达到国际领先水平。该机组距福建沿海距岸线约 35 千米，风机的轮毂中心距离海面高度达 152 米，单只叶片长 123 米，叶轮扫风面积约 50000 平方米。据测算，在额定工况下，单台机组每转动一圈可发电约 34 千瓦时，平均每年可提供清洁电能 6600 万千瓦时，可满足 3.6 万户三口之家一年的生活用电需求。

2.全球陆上单体最大风电项目首批工程并网发电

伴随"沙戈荒"（沙漠、戈壁和荒漠）新能源大基地的发展模式以及风机机型大型化的快速发展趋势，风电场呈现出单体大规模开发的发展态势，尤其是100万千瓦及以上的建设规模。

2023年12月31日，全球陆上单体最大风电项目——国家电投乌兰察布风电基地一期600万千瓦示范项目首批120万千瓦就地消纳工程全容量并网发电。该项目位于内蒙古自治区乌兰察布市四子王旗中东部，规划区域总面积约2072平方千米。首批工程共安装216台风机，年发电量达36亿千瓦时，可替代120万吨标准煤，减少二氧化碳排放306万吨。

该项目通过打造"新能源+"示范、先进技术示范、智慧智能示范、工程建设示范、生态改善示范、社会效益示范"六个示范"，引领风电行业建设新趋势。

3.国家千万千瓦级粤东海上风电基地首批示范项目并网投运

2023年12月29日，国家千万千瓦级粤东海上风电基地首批示范项目——华能汕头勒门（二）60万千瓦海上风电场项目并网投运。该项目是广东省"十四五"重点工程，也是粤东海域单体最大海上风电项目。项目位于广东省汕头市南澳岛南侧海域，总装机容量60万千瓦，布置54台11兆瓦风电机组，配套建设1座220千伏海上升压站和1座陆上开关站。该项目创新采用220千伏电压等级全球截面最大的铜芯平滑铝护套电缆系统，首次示范应用66千伏湿式轻型海缆等新技术，建设了国内首个5G双域安全专网、一体化智能感知监测系统，填补了多项技术应用的行业空白，具有重要发展意义。

三、2023年重要政策解读

1.加快推进库布其、腾格里等大型"沙戈荒"风光基地建设

《国务院关于推动内蒙古高质量发展 奋力书写中国式现代化新篇章的意见》（国发〔2023〕16号）提出推进大型风电光伏基地建设，要求加快

建设库布其、腾格里、乌兰布和、巴丹吉林等沙漠、戈壁、荒漠地区大型风电光伏基地、支撑性电源及外送通道。

《内蒙古自治区人民政府关于下达〈2023 年内蒙古自治区国民经济和社会发展计划〉的通知》（内政发〔2023〕2 号）中要求，争取乌兰察布和大型风电光伏基地项目尽快获得批复，全面推动蒙西四大沙漠大型风电光伏基地 4800 万千瓦装机建设。

大型"沙戈荒"风光基地建设的快速推动，将有助于推动我国陆上风电行业全产业链发展，同时还将对整个新型能源系统建设产生重要积极影响。

2.支持风能资源和建设条件好的海上区域发展风电建设

《国家能源局关于组织开展可再生能源发展试点示范的通知》（国能发新能〔2023〕66 号）提出，支持海上风能资源和建设条件好的区域，结合海上风电基地建设，融合深远海风电技术示范，通过规模开发、设计优化、产业协同等措施，推动深远海海域海上风电项目降低工程造价、经济性提升和实现无补贴平价上网。深远海海上风电平价示范项目单体规模不低于 100 万千瓦。

该通知同时提出海上风电与海洋油气田深度融合发展示范，支持石油公司在海上油气生产平台周边 10 千米海域内建设海上风电场，探索推进海上风电和海洋油气协同开发、就近接入、绿电替代、联合运维等融合发展方案，形成海上风电与油气田区域电力系统互补供电模式。

通过海上风电示范项目的开发建设，将有效引导我国海上风电行业的健康有序发展，持续巩固我国海上风电发展的领先地位。

3.进一步放宽分散式风电项目电力业务许可

《国家能源局关于进一步规范可再生能源发电项目电力业务许可管理

的通知》（国能发资质规〔2023〕67号）中明确提出，在现有许可豁免政策基础上，将分散式风电项目纳入许可豁免范围，不要求其取得电力业务许可证。

该政策的出台引导用电企业可根据自身建设条件、用电负荷特性，采用分散式风电的方式发展因地制宜开展新能源建设，逐步降低煤炭消费比例，进而规避集中式风电面临的消纳、送出等难题，逐步形成规模化的开发模式，有效加快推动中国风电的高质量发展。

4.风电领域发电效率标准和老旧设备淘汰标准进一步完善

国家发展改革委等部门《关于统筹节能降碳和回收利用 加快重点领域产品设备更新改造的指导意见》（发改环资〔2023〕178号）中指出，要完善产品设备能效和淘汰标准，加快填补风电、光伏等领域发电效率标准和老旧设备淘汰标准空白，为新型产品设备更新改造提供技术依据。

《国家能源局关于印发〈风电场改造升级和退役管理办法〉的通知》（国能发新能规〔2023〕45号）鼓励并网运行超过15年或单台机组容量小于1.5兆瓦的风电场开展改造升级，并网运行达到设计使用年限的风电场应当退役，经安全运行评估，符合安全运行条件可以继续运营。

早期建成的风电场所处区域普遍风能资源较好，但使用的机组额定功率小，随着运行时间增长，普遍面临发电效率下降问题。风电发电效率标准的出台和"以大代小"政策的推出将推动风电场使用新的机组进行改造升级，能够进一步用好优质资源，合理扩大装机规模，有效提升发电效率，进而促进风电行业健康发展。

四、2024年市场发展研判与未来五年展望

2024年全国能源工作会议指出，要聚焦落实"双碳"目标，加快推进

能源绿色低碳转型，国家发展改革委、国家能源局宣布 2024 年全国风电光伏新增装机 2 亿千瓦左右，比 2023 年上调 25%。随着风电成本的降低以及利用小时数的提高，风电装机预计与 2023 年持平，新增 5000 万～7500 万千瓦，继续保持高增长态势。

1.海上风电有望迎来跨越式发展

由于海上风电建设涉及的影响因素较多，前期工作周期较长，导致海上风电整体发展速度慢于陆上风电。在陆上风电开发竞争日益激烈、利润空间逐步挤压的背景下，叠加风机机型大型化的成熟发展及海上风电的高收益回报，将激发更多的海上风电投资，也带来海上风电进入新一轮的快速发展周期。海上风电在 2022—2023 年虽然装机量不高，但是积累创新高的招标量有望在 2024 年转化为装机量，预计 2024 年国内海上风电新增装机将达到 1000 万千瓦以上。

随着漂浮式风电平台基础技术的逐渐成熟和成本下降，未来我国海上风电将向深远海域进发，当前全球已有 202.55 兆瓦的漂浮式风电项目投运。根据全球风能协会（GWEC）预测，2026 年将实现漂浮式风电的商业化。预计到 2030 年，漂浮式风电装机规模将显著增长，其中中国新增装机容量将达 400 兆瓦，约占全球新增的 6.4%。

2.未来五年风电市场将迎来爆发式增长

2023 年 11 月 15 日，中美两国发表《关于加强合作应对气候危机的阳光之乡声明》。中美两国在声明中重申了此前在二十国集团（G20）领导人峰会上确立的"到 2030 年全球可再生能源发电装机容量增至 3 倍"的目标。据此，全球风电市场规模预计不少于 17.96 亿千瓦，其中中国 7.318 亿千瓦。

预计未来五年，我国风电市场将持续保持高增长态势，至 2028 年装机容量预计达到8.18亿千瓦（图6-2-3）。其中，"三北"地区有望再次成为风电发展的新高地。"三北"地区具有风光资源禀赋高、用地充足等新能源发展优势，但是区域内各个省市区的产业用电量相对较少，就地消纳空间不足。未来，随着风光发电、制氢设备及储能等技术的快速迭代，各项成本有望进一步下降，届时绿电制氢等就地消纳方案的发展瓶颈将彻底打通。此外，随着国家在"十五五"期间对特高压外输通道的快速建设，送出难题也将逐步解决，这意味着未来风电发展将不再受制于消纳和送出的困扰，"三北"地区将再次迎来风电的高速发展。

图6-2-3 2024—2028年我国风电装机规模发展预测

第三节 新型储能

一、2023年市场发展特点

2023年，中国新型储能新增装机规模达到21.5吉瓦，同比增长194%（图6-3-1）；新增能量规模46.6吉瓦时，同比增长193%。截至2023年12月底，中国已投运电力储能项目累计装机规模86.5吉瓦，其中新型储能达

34.5 吉瓦，同比增长 163%；新型储能能量规模 74.5 吉瓦时，同比增长 175%，装机规模和能量规模双双再创历史新高。在新型储能累计装机中，锂离子电池仍占据主导地位，比重达到 97.3%，同时压缩空气储能、液流电池、钠离子电池、重力储能等长时储能方式也得到快速部署。

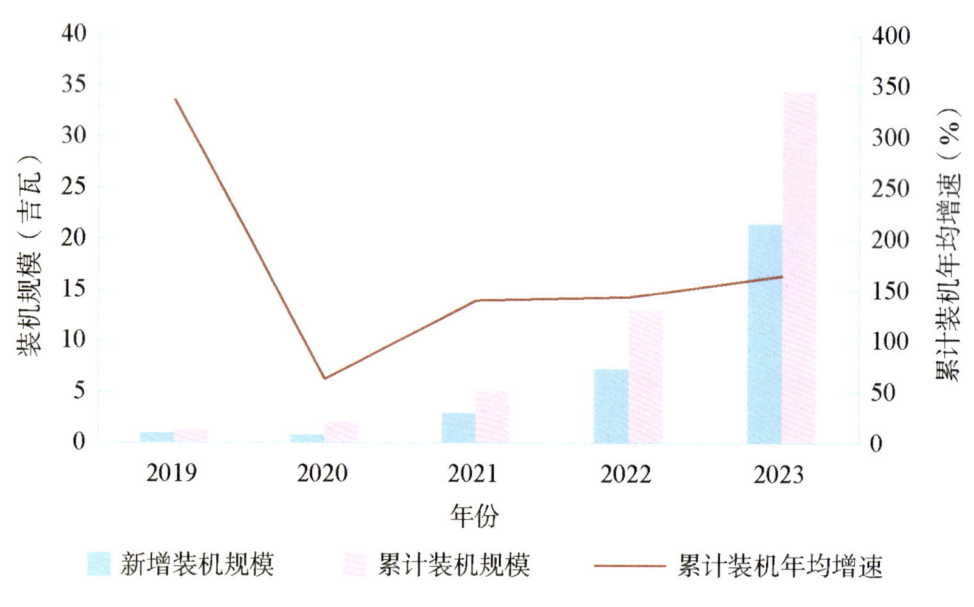

图 6-3-1　2019—2023 年中国新型储能新增装机规模、累计装机规模及累计装机年均增速

数据来源：中关村储能产业技术联盟

1.新型储能项目呈现规模化发展

中国新型储能市场继续快速发展，2023 年项目数量较 2022 年增长 46%，新增规模较上年增长 65%。与以往相比，单个百兆瓦级规模新型储能项目数量增速明显。2023 年新型储能项目投运 830 余个，其中 100 余个百兆瓦级项目相继投运，与 2022 年相比增长 370%；规划/在建的百兆瓦级项目数量 550 余个，较 2022 年增长 41%，项目规模化发展明显（图 6-3-2）。

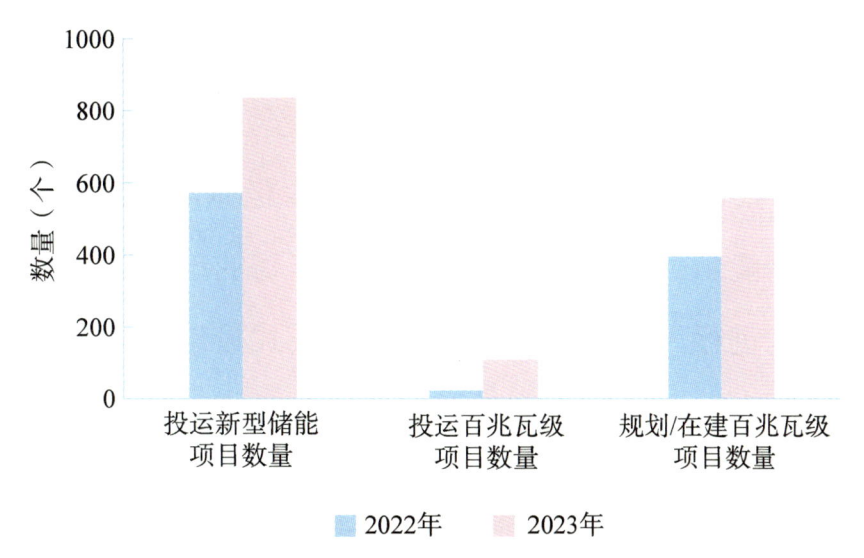

图 6-3-2　2022 年和 2023 年新型储能项目数量对比

数据来源：中关村储能产业技术联盟

2.锂离子电池中标价格大幅下降

2023 年，中国新型储能项目招标势头强劲，全年项目招标规模呈现高增长局面。目前，锂离子电池仍然占据市场的主体地位，在累计招标中占比达到 95%以上，受锂资源供应链价格、市场竞争激烈等因素影响，锂离子电池中标价格（2 小时）由年初的 1.596 元/（瓦·时）下降到年底的 0.64 元/（瓦·时），锂离子电池中标价格大幅下降。

二、2023 年市场重大事项

1.国家能源局公示 56 个新型储能试点示范项目

2023 年 12 月 27 日，为充分发挥示范项目引领带动作用，推动新型储能多元化高质量发展，国家能源局公示了 35 个单位的 56 个新型储能试点示范项目，总规模约 8.2 吉瓦/29.8 吉瓦时，涵盖锂离子电池、压缩空气储能、液流电池、重力储能、飞轮储能等 10 种技术路线，上述项目对推动各种储能技术研究、加快新型储能应用部署具有重要的示范和推动作用。

2.国际首座 300 兆瓦级先进压缩空气储能示范电站倒送电一次成功

山东肥城 300 兆瓦/1800 兆瓦时先进压缩空气储能示范电站由中储国能（北京）技术有限公司投资建设，总投资约 15 亿元，是国际上首座 300 兆瓦级压缩空气储能示范项目。电站利用当地丰富的地下盐穴资源，通过空气介质在电网侧进行大规模电力储能。项目正式投运后，年发电量可达 6 亿千瓦时。2023 年 11 月 11 日，电站倒送电一次成功，高低压厂用电系统顺利受电，标志着示范电站开始进入带电调试阶段，为项目顺利投产奠定了良好基础。

3.全球首套二氧化碳储能示范系统顺利并网

2023 年 12 月 30 日，全球首套 10 兆瓦/80 兆瓦时二氧化碳储能示范系统调试并网一次成功。系统以安徽芜湖海螺水泥工厂为应用场景，结合水泥生产工艺特点，利用水泥窑废热提高储能效率。项目可充分适配当地新能源电力时段，提升当地新能源电力利用率。作为全球首套二氧化碳储能示范系统，该项目并网发电标志着二氧化碳储能技术开始进入商业示范应用阶段。

三、2023 年重要政策解读

1.加快推进储能设施建设和配套电网改造

2023 年 4 月，中共中央政治局会议分析研究当前经济形势和经济工作，明确提出要加快推进储能设施建设和配套电网改造，要推进相关储能技术的研究探索、试点示范、商业化利用和规模应用，逐步突破全过程安全、系统集成、智能传感、寿命预测、回收利用、智慧调控等共性技术，制定全面推动储能技术创新及产业化系列举措，加快推动新型储能产业快速发展，以支撑新型能源体系建设和碳达峰碳中和目标实现。

2.推动储能等新型经营主体参与电力现货市场交易

2023年9月，国家发展改革委、国家能源局印发《电力现货市场基本规则（试行）》，该规则指出电力现货市场是近期建设的主要任务之一，即"稳妥有序推动新能源参与电力市场，设计适应新能源特性的市场机制，与新能源保障性政策做好衔接"。该规则说明储能进入电力市场交易成为大势所趋，明确了储能在现货市场的经营主体地位，鼓励储能等新型主体参与市场交易。相对于储能发展初期盈利模式单一的状况，新电力市场改革措施为储能的经济性提升和商业模式创新提供了新的可能性。储能的本质价值应在交易中体现，但我国电力市场改革还有很长的路要走，储能进入电力市场仍然面临较大的不确定性。

四、2024年市场发展研判与未来五年展望

受新能源电力发展、政策配储、市场需求等影响，预计2024年我国新型储能新增装机规模达到53.7吉瓦，同比增长150%；新增能量规模116.5吉瓦时，同比增长150%。新型储能累计装机规模达到88.2吉瓦，同比增长156%；新型储能能量规模191吉瓦时，同比增长156%。

1.锂离子电池仍是2024年新型储能装机主要形式

受技术进步、经济成本等因素影响，预计2024年锂离子电池仍是新型储能装机的主要形式。随着锂离子电池价格的大幅下降接近产品成本，厂家利润大幅压缩，产品安全和质量保证面临巨大压力，为推进产品链长期持续健康运行，锂离子中标价格将逐步趋稳。

2.新型储能技术形式百花齐放

随着科技投入、技术进步和示范推动，压缩气体储能、重力储能、飞轮储能、液流电池、钠流电池、氢储能等储能形式将不断突破低成本核心

技术，有效支撑大规模风光发电并网的长时储能形式将规模化部署。

预计未来五年，中国新型储能新增装机规模将以超过 50%的年均复合增长率快速发展，2028 年新型储能累计装机规模将达到 460 吉瓦，新能源配储、独立储能仍将是中国新型储能的主要应用场景。

第四节　氢能

一、2023 年市场发展特点

根据中国氢能联盟研究院统计，2022 年我国氢产量 3533 万吨，同比增长 1.9%；氢产能 4882 万吨/年，同比增长 1.2%。2020—2023 年我国氢产量及增速如图 6-4-1 所示，其中 2020—2022 年数据来自中国氢能联盟研究院，2023 年数据为估计值。

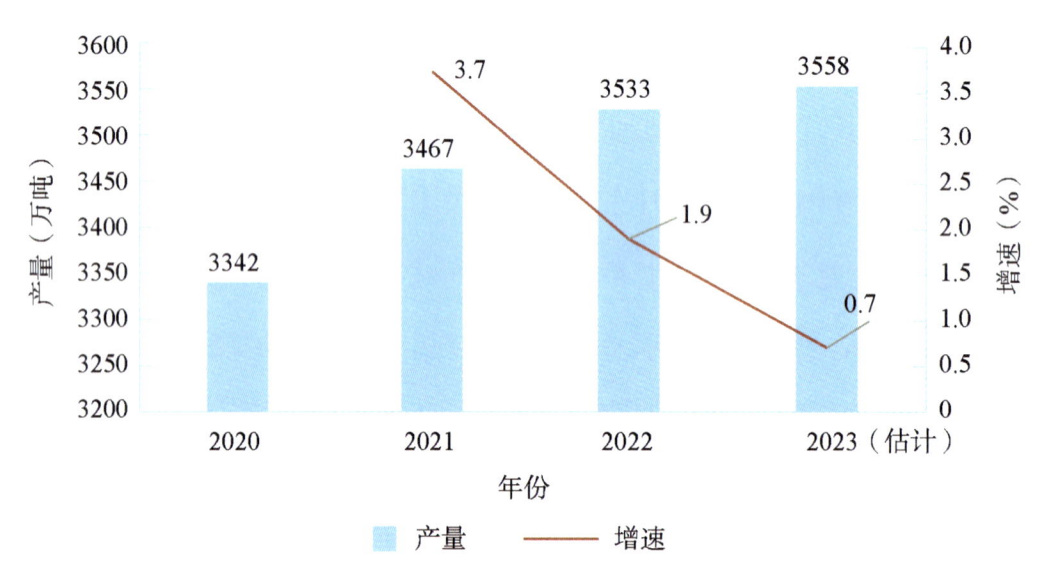

图 6-4-1　2020—2023 年我国氢产量及增速

1.可再生能源制氢（绿氢）示范加速

多个一体化、规模化制氢项目建成运行。截至 2023 年 12 月，我国已建成投产可再生能源电解水制氢项目58个，制氢能力达7.8万吨/年，同比增长38%，电解槽装机规模达到654.5兆瓦，同比增长26.3%。从电力来源来看，光伏制氢占据主导（占比83.5%）；从技术路线来看，以碱性电解水制氢为主（占比95.4%）；从区域来看，宁夏、新疆、内蒙古为绿氢生产大省，三省绿氢产能占比超过80%；从规模来看，电解槽单体规模加快向大标方迈进，隆基氢能、三一氢能等公司3000米^3/时碱性电解槽，东方锅炉300米^3/时质子交换膜电解槽装置下线。

2.管道输运成为发展重点

提升氢储运技术水平是氢能商业化发展的前提，我国正谋划推动氢能长距离、大规模输送体系建设，管道输送能力强、能效高，逐步成为发展重点。截至2023年12月，我国已建成运营纯氢管道超过150千米（表6-4-1），其中，中国石化3条管道平稳运行，最长投运时间约16年，中国石化"西氢东送"输氢管道示范工程纳入《石油天然气"全国一张网"建设实施方案》；中国石油玉门油田纯氢输送管道2023年正式对外输氢。利用已有天然气基础设施开展掺氢管道输送，是低成本、规模化输氢的重要路径之一，国内已开展多个天然气掺氢示范项目（表6-4-2）。除管道输送以外，国家也加快推动高压气态运输的压力提升和成本降低，其中，中集安瑞科公司与法国液化空气公司研制的30兆帕管束车下线，车载70兆帕Ⅲ型瓶得到应用、Ⅳ型瓶已完成研制。液氢、固态储氢、有机液态储氢研发加快，航天六院5吨/日氢液化系统冷箱下线，中集安瑞科公司40立方米民用液氢罐车研制成功，氢枫能源公司吨级镁基固态储运氢车下线。

表 6-4-1　我国主要纯氢管道情况表

序号	名称	长度（千米）	管径（毫米）	压力（兆帕）	输送能力（万吨/年）	业主单位
1	金陵—扬子	32	325	4	4	中国石化
2	巴陵—长岭	42	457	4	4.42	中国石化
3	济源—洛阳	25	508	4	10	中国石化
4	玉门油田输氢管道	5.77	200	2.5	0.7	中国石油
5	宝钢无取向硅钢产品结构优化输氢管道	3.97	—	—	0.504	宝钢股份
6	浙石化舟山—宁波石化基地管道	50	450	5.5	12	浙石化
合计		158.74	—		31.624	

数据来源："2024 制氢、储运与加氢站技术论坛"会议资料。

表 6-4-2　我国天然气掺氢重点示范项目情况表

序号	项目	地点	掺氢比例（%）	项目阶段
1	山西铭石公司晋城天然气掺氢示范项目	山西晋城	10	2019 年 1 月建成
2	国家电投辽宁朝阳天然气掺氢示范项目	辽宁朝阳	10	2019 年 9 月建成
3	宁东天然气掺氢管道示范平台	宁夏宁东	24	2022 年 10 月建成
4	"天然气掺氢关键技术研发及应用示范"项目张家口掺氢入户应用示范	河北张家口	—	2023 年 3 月建成
5	包头—临河输气管道工程	包头—临河	10	2023 年 3 月开工
6	"中低压纯氢与掺氢燃气管道输送及其应用关键技术研发"项目管道实验平台	内蒙古通辽	—	2023 年 5 月投产
7	通辽—兴安盟天然气掺氢长输管道	通辽—兴安盟	—	2023 年 5 月启动
8	天然气管道掺氢、输送、分离应用技术研究及浙能先导示范项目	浙江平湖	30	2023 年 9 月投产
9	固阳—白云鄂博输气管道工程	固阳—包头	—	2023 年 12 月核准
10	深圳城镇燃气掺氢综合科技实验平台	深圳	20	2024 年 1 月建成

数据来源：中国氢能联盟研究院、中国城市燃气协会。

3.交通应用规模继续扩大

从加氢站数量来看，我国加氢站规模及增速均保持全球首位。根据中国氢能联盟研究院统计，截至 2023 年 12 月，我国建成加氢站 428 座（新建成 70 座），同比增长 19.6%；在运营加氢站 274 座（新增在运营 29 座），同比增长 11.8%，供给能力达到 208 吨/日。在运营加氢站压力等级以 35 兆帕为主（占比 86.5%），广东、山东、河南建成加氢站数量排名前三（合计占比 31%）。从燃料电池汽车销量来看，我国已成为全球最大的氢燃料电池商用车生产和应用市场，截至 2023 年 12 月，我国氢燃料电池汽车保有量达 18487 辆。从区域发展来看，京津冀、长三角、川渝等地区氢能交通领先，区域间氢走廊正成为重要发展趋势，目前地方已规划或有布局意向的氢走廊接近 10 个（表 6-4-3）。

表 6-4-3　我国氢走廊及加氢站规划情况

序号	项目名称	提出时间	沿途城市	加氢站数量（座）
1	长三角氢走廊	2019 年 5 月	上海、苏州、南通、如皋、宁波、嘉兴、湖州、张家港	500
2	广东粤湾氢走廊	2020 年 11 月	广州、佛山、东莞、云浮、惠州、茂名、东莞、湛江	300
3	山东半岛"氢动走廊"	2021 年 2 月	济南、青岛、潍坊、淄博、聊城、济宁	100
4	浙江氢走廊	2021 年 11 月	嘉兴、杭州、绍兴、宁波、金华、舟山	50
5	成渝氢走廊	2021 年 11 月	资阳、内江、自贡、泸州、荣昌、潼南、九龙坡、两江新区	15
6	氢动吉林	2022 年 1 月	"白城—长春—延边""哈尔滨—长春—大连"	400
7	山西氢走廊	2022 年 5 月	吕梁、孝义、交城、兴县	50
8	陕西氢走廊	2022 年 8 月	"榆林—延安—西安，西安—渭南—韩城"	若干
9	河南郑汴洛濮氢走廊	2022 年 9 月	郑州、濮阳、洛阳、新乡、开封	15
		合计		＞1430

4. 工业应用示范增加

氢能成为工业领域碳减排重要途径，在化工、冶金等工业领域示范规模逐步加大。截至 2023 年底，国内绿氢炼化项目规模已达 262.5 兆瓦，在绿氢应用中占比 40.1%。中国石化新疆库车万吨级光伏制氢示范项目顺利投

产，用于替代塔河炼化天然气制氢，截至 2024 年 2 月，该项目已输送绿氢 3000 余吨。2024 年 4 月，中国石油玉门油田可再生能源制氢项目投产，为周边工业用户等提供稳定绿氢氢源。氢冶金示范是另一重要应用方向，2023 年 5 月，河钢集团 120 万吨氢冶金示范工程建成投产；2023 年 12 月，中国宝武百万吨级氢基竖炉项目点火投产，氢冶金技术实现创新突破。

5.氢储能和分布式热电联供稳步推进

氢储能具有长周期、大容量等突出优势，在新型电力系统建设中可发挥重要作用，规划项目逐步增加。中电新源公司在河北省张家口市的 200 兆瓦/800 兆瓦时储氢发电项目是目前全球规模最大的氢储能项目，已确定供应商推进建设。东方电气公司将在都江堰市建设 10 兆瓦工业园区氢储能供电站，是国内容量功率最大的绿电制氢储氢发电项目。此外，氢能热电联产试点示范逐渐增多，根据中国氢能联盟研究院统计，截至 2023 年 12 月，燃料电池热电联产与发电项目建成运营 91 个，合计规模 19.3 兆瓦，同比增长 44%，类型以质子交换膜燃料电池（PEMFC）为主（占比 72.5%），应用场景主要集中在厂区（占比 36.3%）。其中，嘉化能源公司 2 兆瓦氢能分布式发电系统建成投运，可满足嘉化能源公司生产园区用电需求；豫氢动力公司承接的 2 兆瓦燃料电池热电联供项目在开元化工公司安装运营，首次将氯碱副产氢气通过氢燃料电池实现综合利用。

6.天然气掺氢应用得到更多关注

天然气掺氢可以高效低成本输送氢气，能实现氢能的大规模消纳，也是降低天然气利用过程碳排放、保障燃气供应安全的有效途径，我国正有序推进天然气掺氢民用与工业应用示范。在民用领域，国家电投、北京市煤气热力工程设计院等单位在张家口完成天然气掺氢入户示范，通过管道将掺氢天然气输送至 20 户居民家中。在工业领域，燃气轮机掺氢应用逐步增多。其中，哈电集团首台国产 HA 级重型燃气轮机在秦皇岛重燃基地顺利下线，项目投产后燃气轮机将采用 10%掺氢燃烧；西门子能源 E 级燃气轮机在舟山实现 20%掺氢燃烧；国家电投荆门绿动公司在运燃气轮机实现 30%掺氢燃烧改造和运行；上海电气实现国产大 F 重型燃气轮机掺氢测试，掺氢比例达到 7%。

7.氢能技术装备突破加速

我国氢能技术装备水平加快迭代提升，在海水制氢、固态储氢、天然气掺氢、燃煤掺氨等领域取得突破。在海水制氢领域，谢和平院士团队海上风电海水原位直接电解制氢在福建海试成功，制氢规模达 1.3 米^3/时，能耗、实验效果与实验室环境下的制氢效果相当；中国科学院大连化学物理研究所 25 千瓦海水制氢联产淡水装置在大连市完成测试验证。在储运领域，氢枫能源联合上海交通大学发布吨级镁基固态储运氢车，共搭载 12 个储氢罐，最大储氢量 1.03 吨；南方电网固态储氢应急电源车成功试运行；国家管网牵头的掺氢天然气管道泄放燃爆试验成功实施；中国石油宁东天然气掺氢管道示范平台实现 24%掺氢。在应用领域，国家能源集团 600 兆瓦燃煤发电机组掺氨燃烧试验成功，实现高负荷工况下的平稳运行；未势能源、氢璞创能、上海重塑等企业燃料电池电堆功率突破 300 千瓦，国产质子交换膜的市场占有率稳步提升，中科科创、氢电中科、济平新能源等国内催化剂企业具备批量供货能力。

二、2023 年市场重大事项

1.海上风电海水原位直接电解制氢在福建海试成功

2023 年 5 月 26 日，由谢和平院士团队与东方电气集团联合打造的全球

首个海上风电海水原位直接电解制氢技术装备在福建省福清市兴化湾海上风电场海试成功。该项目利用海上风电电力，通过漂浮式海上制氢平台"东福一号"进行制氢中试试验，实现了无淡化过程、无副反应、无额外能耗的高效海水原位直接电解制氢。海试稳定运行 10 天，制氢规模达 1.3 米^3/时，电解能耗为 5 千瓦·时/米^3，制氢纯度达到 99.9%～99.99%，稳定性良好。

该技术有望直接利用海水制备绿氢，无须海水淡化、额外催化剂、海水泵送输运和污染物处理，可有效降低成本，为在海水、油田采出水等非净化水体系下的直接制氢提供了重要借鉴。

2.中国石油宁东天然气掺氢管道示范平台实现 24%掺氢

2023 年 4 月 16 日，中国石油管道局在宁夏银川宁东天然气掺氢管道示范平台进行了天然气管道输氢加压和测试，示范平台掺氢比例达到 24%。在 100 天的测试运行中，天然气管线整体运行安全稳定。示范平台包括 7.4 千米的输氢主管线及燃气管网掺氢试验平台，可测试在 3%～25%的掺氢比例下管材、流量计、阀门、检测仪表、可燃气体探测器的适应性。

该项试验为我国未来实现大规模、低成本的远距离掺氢输送提供了技术支撑，将助力推动已有天然气管道设施有效利用，促进氢气运输成本降低，推动大规模低成本氢能利用，降低终端二氧化碳排放。

3.国家管网牵头掺氢天然气管道泄放燃爆试验成功实施

2023 年 11 月 13 日，国家管网成功实施了国内首次掺氢天然气管道泄放喷射火试验与封闭空间泄漏燃爆试验。试验采用 X65 钢级、323.9 毫米管径的管道，放空立管高度为 5 米，试验压力高达 12 兆帕，最大掺氢比例为 30%，模拟的封闭空间结构参照输气管道阀室建设，通过试验获取了封闭空间燃爆压力、火焰温度及长度等参数，填补了我国长输天然气管道掺氢泄放燃爆验证试验的空白。

该试验对于实现天然气长输管道掺氢输送技术的自主可控具有突出意义，将推动确定管道掺氢输送可接受比例，为建立掺氢天然气管道安全标准体系提供数据支撑。

4.航天科技"5吨/日氢液化系统冷箱"下线

2023年12月8日，由中国航天科技集团六院航天氢能科技有限公司自主研制的国产"5吨/日氢液化系统冷箱"下线，预计2024年投产。该产品是我国首台连续型转化换热器大型氢液化系统核心设备，在液氮预冷—氢气克劳德循环制冷液化工艺、大型深低温卧式冷箱集成、大承载力—高可靠性氢膨胀机、连续型高效正仲氢转化换热器、先进智能控制系统等领域取得多项关键技术进展，成功实现了氢膨胀机、控制系统、催化剂、连续型换热器等核心部件的自主设计集成，在智能化、单位能耗等方面均接近国际先进水平。

该产品的下线，标志着我国在液氢高效储运领域实现技术突破，投产后将推动我国氢液化装备技术水平提升，助力我国液氢产业发展。

5.《共建中国氢能高速行动倡议》正式发布

2023年12月1日，在中国燃料电池汽车大会上，中汽中心联合中国石化、国家能源集团、亿华通等多个企业共同发布了《共建中国氢能高速行动倡议》，该倡议明确"政策引领、场景先行、创新驱动、协同聚力"四点重要内容，提出在高速公路网络上加快建设加氢站，启动建设中国氢能高速，加快构建以京津冀、上海、广东、河南和河北五大示范城市群为基础的氢能高速网络建设，通过联通"氢能高速"，构建氢能走廊，形成具有综合性、规模化和影响力的标杆性氢能交通重大示范工程。

该倡议的提出为推动我国氢能与燃料电池汽车产业发展带来重要机遇，有助于打通氢能高速物流运输环节，带动终端加氢基础设施网络建设，拓展氢能交通市场发展空间。

6.国家电投氢能物流车完成北京—济南跨省运输任务

2023年10月22日，国家电投氢能物流车完成北京—济南跨省运输任务，往返纵贯京、津、冀、鲁四省市累计1160千米。运输任务起点为北京海铂尔加氢站，经中途天津中国石化瑞达加氢站，到达终点山东济南公交第一加氢站，成功打通了京、津、冀、鲁氢源补给线路，国家电投氢能物流车实现单次总距离最远、全程零故障、零失误。

该次实践利用氢能车辆实现了跨多省多站协同联动的远距离物流运输，标志着氢能零碳跨省长途物流探索取得实质性进展，有望加快推动商业重卡发展，为未来氢能走廊建设奠定基础。

7.中国石化新疆库车绿氢示范项目建成投产

2023年8月30日，中国石化在新疆库车建成投产我国首个万吨级光伏绿氢示范项目，总投资近30亿元，建设内容包括光伏发电、电解水制氢、氢气储输等设施，制氢能力2万吨/年，储氢能力21万立方米，管道输氢能力2.8万米^3/时，所产绿氢就近供应中国石化塔河炼化公司，用于替代炼油加工中使用的天然气制氢。截至2023年12月21日，项目已平稳运行4200小时，累计向用户端塔河炼化输送绿氢2236万立方米。未来，塔河炼化公司生产装置将完成扩能改造，预计到2025年底，项目输氢量将达到2万吨/年。

该项目首次贯通了光伏发电、绿电输送、绿电制氢、氢气储存、氢气输运和绿氢炼化全产业链，形成了具有自主知识产权的规模化电解水制氢工艺与工程成套技术，首次实现绿氢炼化规模应用。

8.河钢集团 120 万吨氢冶金示范工程建成投产

2023 年 5 月 24 日，河钢集团 120 万吨氢冶金示范工程建成投产。项目采用"氢气直接还原竖炉+电炉炼钢"短流程工艺，利用焦炉煤气副产氢对含铁原料进行直接还原，生产高品质直接还原铁（DRI）供电炉炼钢使用。与传统"高炉+转炉"长流程工艺相比，项目每年可减少二氧化碳排放 80 万吨，碳减排幅度达 70%以上，二氧化硫、氮氧化物、烟粉尘排放可分别减少 30%、70%和 80%以上。

主流的氢冶金技术路线包括高炉富氢冶炼与气基直接还原竖炉工艺。其中，高炉富氢冶炼减排效果有限。该项目采用气基直接还原竖炉工艺，推动实现了传统钢铁行业的"碳冶金"向"氢冶金"转变，对推动我国钢铁行业转型升级具有重要引领作用。

9.国家电网宁波慈溪氢电耦合直流微网示范工程投运

2023 年 6 月 15 日，国家电网在浙江省宁波市建设的氢电耦合直流微网示范工程正式投运。该工程是国际首个"电—氢—热"微网耦合直流能源互联网示范工程。项目配置 4 兆瓦光伏、0.2 兆瓦风电、400 千瓦制氢机、3 兆瓦/6 兆瓦时电池储能和 240 千瓦燃料电池，可离网连续运行 168 小时。项目每年产氢将超过 60 万立方米，可消纳超过 400 万千瓦时新能源。

该工程对于实现新能源高比例消纳、探索以电为核心的能源互联网新形态、践行新型电力系统建设等具有重要示范意义。氢电融合可以提升电力系统全时间尺度灵活调节能力，支撑新能源大规模安全稳定消纳，促进更大范围能源优化配置，助力终端能源消费脱碳。

10.国家能源集团600兆瓦煤电机组掺氨燃烧试验成功

2023年11月30日，国家能源集团在其位于中国神华广东台山电厂的600兆瓦燃煤发电机组上成功实施了高负荷发电工况下煤炭掺氨燃烧试验。该试验采用氨煤预混燃烧技术，实现了在500兆瓦、300兆瓦等多个负荷工况下的平稳运行，氨燃尽率达到99.99%，氮氧化物浓度增加幅度控制在20毫克/米^{3}以内。项目成套技术及关键设备入选我国第三批能源领域首台（套）重大技术装备（项目）名单。

绿氨具备规模化运输和消纳绿氢的潜力，可通过氢—氨转化将氨作为储氢介质。该试验充分验证了燃煤掺氨燃烧的技术可行性，探索了氨煤气固两相燃烧强化等多种创新技术。未来，可有序实现绿氨掺混燃烧替代燃煤发电，有望推动氢氨绿色产业发展，助力节能降碳。

三、2023年重要政策解读

1.推动氢电耦合发展

2023年6月2日，国家能源局组织发布《新型电力系统发展蓝皮书》（简称《蓝皮书》）。《蓝皮书》提出电能与氢能等二次能源深度融合利用，电氢替代助力全社会碳中和。未来，在交通、化工领域，绿电制氢、绿电制甲烷、绿电制氨等新技术新业态新模式大范围推广，通过电转氢等方式与氢能等二次能源融合利用，助力构建多种能源与电能互联互通的能源体系；在冶金、化工、重型运输等领域，氢能作为反应物质和原材料等，将成为清洁电力的重要补充。在储能规模化布局应用体系任务中，提出开展大规模氢能制备和综合利用示范应用。

《蓝皮书》明确了氢能在能源系统中的作用，为推动氢能在储能及氢电耦合领域发展提供了重要参考。氢能与电能作为未来重要的二次能源，将共同构建以电氢协同为主的终端用能形态，助力全社会深度脱碳。

2.建立全链条标准体系

2023年8月8日，国家标准化管理委员会与国家发展改革委、工业和信息化部、生态环境部、应急管理部、国家能源局等部门联合印发《氢能产业标准体系建设指南（2023版）》（简称《指南》），要求到2025年基本建立支撑氢能制、储、输、用全链条发展的标准体系。其中，在制氢方面，主要对不同制氢技术进行规范，包括氢分离与提纯、水电解制氢、光解水制氢标准；在氢储存和输运方面，主要包括氢气压缩、氢液化、氢气与天然气掺混、固态储氢材料等标准；在氢加注方面，主要包括加氢站设备、系统和运行与安全管理等标准；在氢能应用方面，主要包括燃料电池、氢内燃机、氢气锅炉、氢燃气轮机等氢能转换利用设备与零部件以及交通、储能、发电核工业领域氢能应用等标准。

我国氢能标准体系与国际相比存在欠缺，是制约产业发展的短板。《指南》明确了我国氢能标准化工作的目标思路与重点任务，系统构建了氢能制、储、输、用全产业链标准体系，有助于推动氢能产业技术进步，进一步拓展应用领域。

3.支持建设绿氢炼化示范工程

2023年10月，国家发展改革委等部门发布《关于促进炼油行业绿色创新高质量发展的指导意见》（简称《指导意见》），提出到2030年，产能结构和生产力布局进一步优化，完成绿氢炼化等技术工业化、规模化示范验证，建设一批可借鉴、可复制的绿色低碳标杆企业。《指导意见》提出推动炼油行业与可再生能源融合发展，鼓励企业大力发展可再生能源制氢，支持建设绿氢炼化示范工程，推进绿氢替代。

绿氢规模制取并替代灰氢是解决炼化业务低碳发展的可选路径之一，《指导意见》为氢能助力炼化转型提供了明确指引，体现了国家层面重视绿氢对炼油行业绿色转型的关键作用，也为油气企业推动油田—炼化协同低碳转型发展创造了机遇。

4.鼓励氢能技术创新与应用

2023年12月29日，国家发展改革委发布《产业结构调整指导目录（2024年本）》（简称《指导目录（2024年本）》），将产业分为鼓励、限制和淘汰三类。与《产业结构调整指导目录（2019年本）》（简称《指导目录（2019年本）》）相比，氢能技术与应用被纳入鼓励类目录，涉及电解水制氢、加氢站、管道输氢、氢电耦合、高炉富氢冶炼、氢燃料电池石墨双极板、储氢气瓶阀门、氢燃料发动机等，应用范围覆盖电力、新能源、钢铁、石化、建材等多个行业和领域。

《指导目录（2024年本）》将氢能纳入鼓励类目录，表明国家层面对氢能产业的高度重视，将加快推动可再生能源制氢、液氢、管道输氢、氢冶金、氢电耦合等领域产业化进程，促进氢能产业高质量发展。

5.支持在非化工园区建设制氢项目

2023年以来，广东、河北等多地出台相关政策为制氢环节进行政策松绑，允许在非化工园区制氢和建设制氢加氢一体站，为解决制约我国氢能产业发展面临的运输存储难题提供了新路径。2023年6月，广东省发布《广东省燃料电池汽车加氢站建设管理暂行办法》，提出重点支持加氢合建站和制氢加氢一体站建设，允许在非化工园区建设制氢加氢一体站。2023年7月，河北省发布《河北省氢能产业安全管理办法（试行）》，提出除化工企业的氢能生产，电解水制氢（太阳能、风能等可再生能源）等绿氢生产不需取得危险化学品安全生产许可，允许在化工园区外建设绿氢生产项目和制氢加氢一体站。2023 年 9 月，安徽省六安市发布《六安市燃料电池汽车加氢站建设管理暂行办法（征求意见稿）》，文件明确允许六安市范围内车用燃料制氢加氢一体站项目不进化工园区，制氢加氢一体站规模不得超过 3000 千克/日，储氢容器总容量不得超过 3000 千克。2023 年 12 月，吉林省发布《关于印发抢先布局氢能产业、新型储能产业新赛道实施方案的通知》，提出在示范区域适度超前布局制氢加氢一体站、油气氢电合建站等基础设施，形成可再生能源制氢加氢一体站推广模式。2023 年 12 月，国务院印发《全面对接国际高标准经贸规则推进中国（上海）自由贸易试验区高水平制度型开放总体方案》，提出支持临港新片区加快氢能核心技术攻关与标准体系建设，允许依法依规建设制氢加氢一体站。

制氢加氢一体站可有效减少储运成本，在无稳定氢源供应的区域将成为外供氢加氢站的重要补充。对制氢环节的政策松绑，将有助于降低终端用氢成本，加快推动氢能产业发展。

四、2024 年市场发展研判与未来五年展望

2024 年，我国氢消费量预计达到 3586 万吨，同比增长 0.8%；氢产能预计达到 4980 万吨/年，同比增长 1%。

1.绿氢项目将批量开工

2024 年，可再生能源制氢发展将继续提速，制氢成本有望进一步下降。根据国家发布的《氢能产业中长期发展规划（2021—2035 年）》目标，到 2025 年，我国可再生能源制氢量达到 10 万~20 万吨/年。据中国氢能联盟研究院统计，截至 2023 年，我国共规划绿氢项目 387 个（产能 642.98 万吨/年），在建项目 80 个（产能 84.7 万吨/年），预计 2024 年绿氢项目将迎来批量开

工，绿氢产能将达到 10 万～15 万吨/年。新能源发电装机量的进一步增长和绿氢项目的批量开工，将带动制氢设备市场需求快速增长，结合国际能源署（IEA）预测，预计 2024 年国内电解槽招标量将在 2023 年 2 吉瓦的基础上翻番至 4 吉瓦。

2.输氢管道建设加快

2024 年，氢能储运输送体系将进一步完善，输氢管道示范将有序落地。海泰新能公司计划建设的张家口市康保—唐山曹妃甸氢气长输管道项目总长约 736.5 千米，将于 2024 年 6 月开工建设。高压气态储氢仍是主要储存方式，运输压力将逐步提高，预计 30 兆帕长管拖车将投入市场，推动效率提升与成本下降。液氢等其他技术将加快推动示范，低温液氢将逐渐完善法规标准，预计民用液氢槽罐车将上路应用，成为中短距离运输的重要补充。有机液态储氢、固态储氢处于产业化前期，距离规模应用还需进一步技术突破，相关项目示范将有序推进。

3.氢能应用将拓展至化工、冶金等多领域场景

氢能应用场景将更加丰富，从以燃料电池为主的交通领域向能源、工业、建筑等多领域拓展。交通领域将加快推动重型卡车货运、长途客运发展。根据国家发布的《氢能产业中长期发展规划（2021—2035 年）》目标，到 2025 年燃料电池车辆保有量约 5 万辆。预计在 2024 年我国氢燃料电池汽车保有量将达到 2.5 万～3.5 万辆，氢能重型卡车等商用车将成为发展重点。随着氢能交通应用规模持续扩大，加氢站在重点城市与氢能高速布局将有序增加，预测 2024 年加氢站数量将增至 500～550 座。工业领域，化工、钢铁等方向存在迫切减碳需求和绿氢替代空间，将成为氢能规模化应用的重要场景，带动产业链规模发展和成本下降。随着大批可再生能源制

氢一体化项目落地，绿氢化工将加快发展，由绿氢合成绿氨、合成绿色甲醇、绿色航煤示范将持续推进。预计鞍钢集团氢冶金示范工程等将建成投运，助力氢气直接还原冶炼技术突破与成本下降。

4.氢能区域集群化发展态势将更加凸显

2024 年，氢能产业将呈现差异化的区域发展格局，各地因地制宜发展具有地方特色的氢能配套产业。在京津冀、上海、广东、河北、河南五大燃料电池汽车示范城市群，将进一步形成以交通应用为引领的燃料电池产业一体化集聚区。京津冀、长三角和粤港澳大湾区等核心区域，将汇集更多氢能企业及研发机构，形成覆盖技术研发、装备制造等全产业链体系与产业集群。以内蒙古、吉林、新疆等地为代表的"三北"地区，依托丰富风光资源和应用场景形成规模化制氢基地，发展绿电制氢以及配套的化工、冶金等项目，带动氢能产业规模化发展。

5.氢能技术加快迭代突破

在制氢端，碱性电解槽技术性能持续提升，进一步提升容量与降低能耗，2000 米^3/时碱性电解槽装置有望逐步推广应用，预计成本降幅加速；质子交换膜电解槽成本逐渐下降，自主化水平稳步提升。在储运端，短期内高压气态储氢仍是主要储存方式，储氢容器在高强度碳纤维、碳纤维缠绕技术等领域国产化有望取得突破，Ⅳ型储氢瓶自主化水平逐步提升，另外随着规模化制氢项目增多，大容积球罐作为配备的储氢装备应用将逐步增加。管道输氢领域技术攻关与示范验证将有序推进，材料、装备、工艺逐步取得突破，掺氢比例稳步提升。低温液态储氢、有机液态储氢、固态储氢技术加快研发攻关。在应用端，燃气轮机掺氢有望超过 30%掺氢比例应

用，在核心设计、部件制造、控制系统等领域实现突破。

预计未来五年，氢产量与消费量将有序增加，年均增速1%左右。增速随着技术突破逐步提升，从2024年的0.8%增至2028年的1.2%，2028年氢产量与消费量预计均超过3700万吨/年。

第五节 生物液体燃料

一、2023年市场发展特点

2023年，我国生物液体燃料产量和消费量估计分别达到452万吨标准油和274万吨标准油，同比分别增长17.8%和5.3%（图6-5-1）。

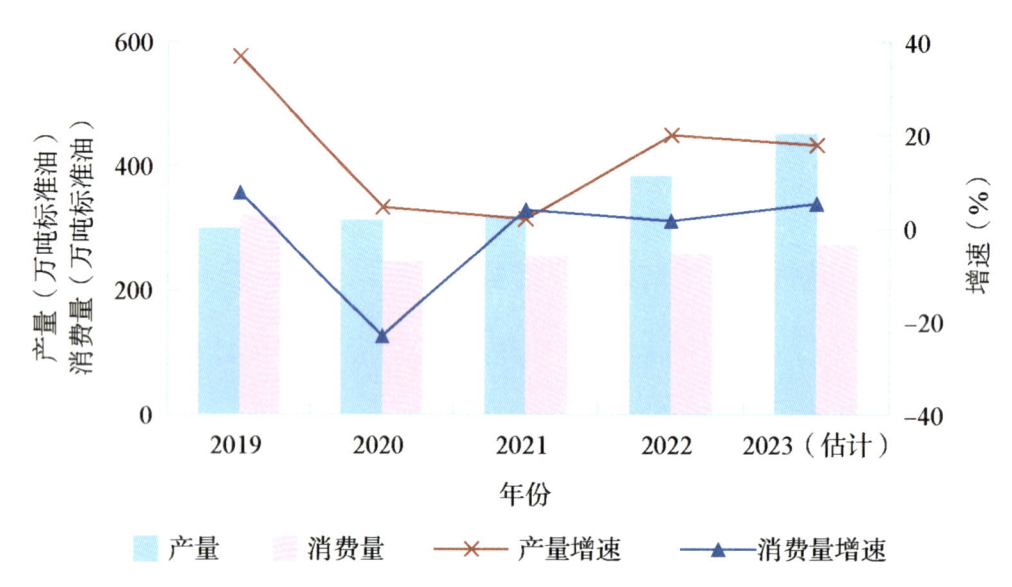

图6-5-1 2019—2023年我国生物液体燃料产量和消费量情况
数据来源：公开报道整理

1.燃料乙醇供需基本稳定

2023年，我国燃料乙醇产量估计增加到307万吨（折合209万吨标准油），消费量与之持平，同比分别增长2.5%和2.6%（图6-5-2）。

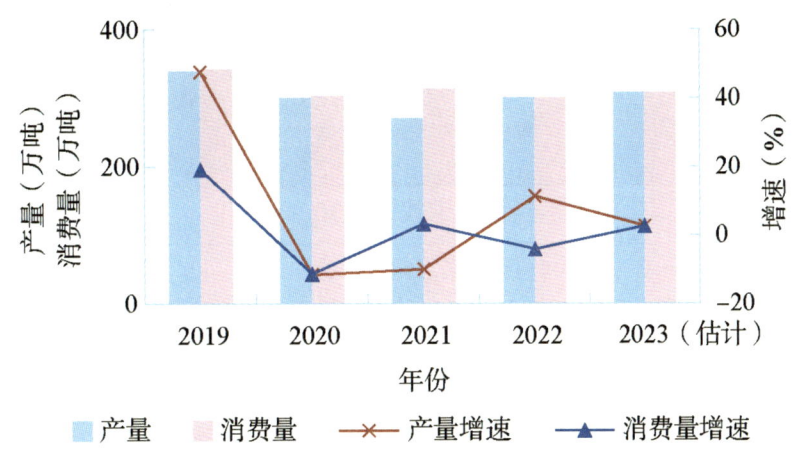

图 6-5-2　2019—2023 年我国燃料乙醇产量和消费量情况

数据来源：公开报道整理

2.生物柴油产量增速远高于消费量增速

2023 年，我国生物柴油（含镇海炼化 10 万吨/年生物航煤）产量和消费量估计分别达到 277 万吨（折合 243 万吨标准油）和 74 万吨（折合 65 万吨标准油），同比分别增长 35.2%和 15.3%（图 6-5-3）。我国生物航煤（SAF）和烃基生物柴油（HVO）项目情况见表 6-5-1。

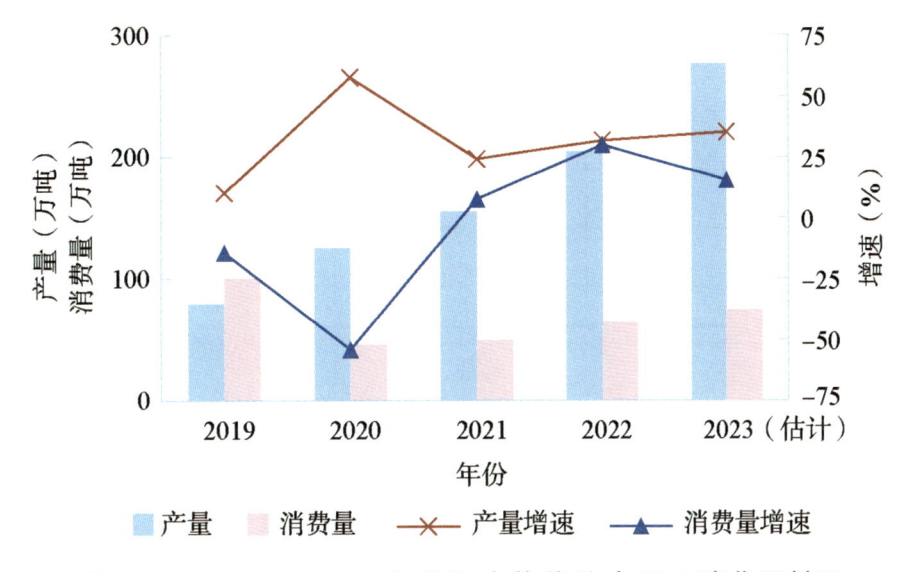

图 6-5-3　2019—2023 年我国生物柴油产量及消费量情况

数据来源：公开报道整理

表 6-5-1　我国生物航煤（SAF）和烃基生物柴油（HVO）项目情况

企业	地点	SAF产能（万吨/年） 建成	SAF产能（万吨/年） 在建/规划	HVO产能（万吨/年） 建成	HVO产能（万吨/年） 在建/规划
镇海炼化	浙江宁波	10			
易高环保	江苏张家港	5	5	25	10
海科化工	山东东营		50		
嘉澳环保	江苏灌云		50+50		
金尚环保	四川成都		30		
宁波杰森	浙江宁波		10		
四川天舟	四川内江		8		
龙岩卓越	福建龙岩		10		10
安徽邑晟	安徽滁州		40		30
青岛丽东	山东青岛		25		
天津大沽	天津		20		
山东宝舜化工（海新能科、三聚环保代加工单位）	山东滨州			25	
山东三聚生物	山东日照			40	
君恒生物	河南濮阳			20	
山东汇东	山东东营			10	
临沂汇邦	山东临沂			20	
建元生物	江苏扬州			20	
海南环宇	海南			5	
川桂临港	广西钦州				30
奥星石化	山东东营				120（一期20）
鹏鹞环保和盘锦宏业	辽宁盘锦				15
山高环能（广饶）	山东广饶		10		20+20
中海精细	山东滨州				40
尊创新能源	江西德兴				20
常青常佑	河北				20

欧盟对生物柴油的需求强劲，国内生物柴油进口量均继续增长，2023年估计进口量和出口量分别为44万吨和247万吨（图6-5-4），同比分别增长39.7%和43.5%；净出口量达到178万吨，同比增长44%。

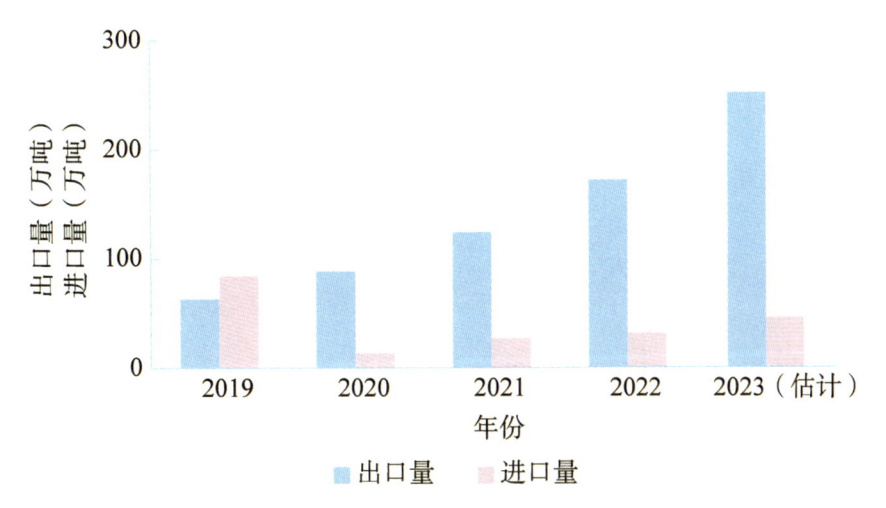

图6-5-4 2019—2023年我国生物柴油进出口情况

数据来源：公开报道整理

国内部分企业从印度尼西亚进口生物柴油并出口到欧盟，2023年12月欧盟委员会开启对原产于印度尼西亚的生物柴油进行反规避调查，审查涉案生物柴油是否经由中国和英国转口至欧盟以规避反补贴税，不合规企业将因无法负担惩罚性关税而退出市场。

3.国内公司积极试点应用生物液体燃料

2023年3月，招商轮船"凯德"轮在新加坡顺利完成500吨生物燃油的加装和试用。

2023年6月，国网电力空间技术有限公司一架空中客车H125直升机在合肥施湾机场使用中国航空油料集团有限公司提供的40%混合比可持续航空燃料（SAF）进行了飞行，这是国内首次直升机使用SAF的飞行。

2023年9月，浙江长龙航空GJ8987航班（"亚运航班"）加注中国石化

生物航煤从杭州萧山机场起飞，两小时后平稳降落北京首都机场；中国石化中海船舶燃料供应有限公司在广州南沙华润电厂码头给国际船舶"宝宁岭"轮加注300吨保税生物燃料油（B24），是国内首次给国际船舶加注保税生物燃料油。

2023年11月，中国石化在大连为中远海运"长山岛"轮加注100吨B24，是国内内贸船舶首次加注生物燃料油。

二、2023年市场重大事项

1. 中国石油审查生物航煤工艺包

2023年12月，中国石油石油化工研究院针对餐饮业回收油脂制备生物航煤编制的"5万吨/年劣质油脂生产生物航煤技术工艺包"通过了中国石油咨询中心组织的专家审查。该工艺包括油脂精炼、精炼油加氢脱氧和异构化等过程，可以加工劣质油脂，扩大了油脂资源，具有原料适应性强、生产成本低等特点。

2. 中国石化开展生物燃料油示范应用

2023年，中国石化在广州、舟山和大连等地开展生物燃料油（B24）加注示范。9月在广州为中远海运的"宝宁岭"轮加注300吨B24；10月在舟山为香港"NEW MINGZHOU 60"轮加注325吨B24；11月在舟山为巴拿马"MARCOS V"轮加注3790吨B24，在大连为中远海运"长山岛"轮加注100吨B24。

3. 民营企业积极发展生物液体燃料

2023年1月，浙江嘉澳环保科技股份有限公司100万吨/年生物航煤项目一期（50万吨/年）在连云港灌云临港产业区开工建设，计划2024年12月建成投产。

2023 年 4 月，四川金尚环保科技有限公司先后与美国 UOP 公司签署 30 万吨/年生物航煤技术转让协议，与韩国 SK 集团能源株式会社签订生物燃料油项目投资协议。

2023 年 8 月，宁波杰森绿色能源科技有限公司与舟山市定海区政府签约宁波杰森船用生物燃料调和项目：一期 20 万吨/年生物柴油装置、100 万吨/年船用生物燃料调和设施；二期 20 万吨/年生物柴油装置；三期 10 万吨/年生物航煤（组分）装置。

三、2023 年重要政策解读

1.生物液体燃料的研发生产供应纳入交通领域示范项目

2023 年 8 月，国家发展改革委、科技部、工信部等十部门联合印发《绿色低碳先进技术示范工程实施方案》（发改环资〔2023〕1093 号），方案指出，在交通领域示范项目方面包括先进生物液体燃料和可持续航空燃料的研发生产供应，支持资源循环利用。生物液体燃料的研发生产供应示范项目将在资金和金融等方面获取支持，有利于其在交通领域的推广应用。

2.国家鼓励炼油行业利用废弃油脂生产生物液体燃料

2023 年 10 月，国家发展改革委、国家能源局、工业和信息化部、生态环境部联合发布《关于促进炼油行业绿色创新高质量发展的指导意见》（发改能源〔2023〕1364 号），在鼓励资源循环利用方面提出积极有序发展以废弃油脂为主要原料的生物柴油、生物航煤等生物质液体燃料。该政策将推动炼油行业以废弃油脂生产生物燃料，促进生物液体燃料的推广。

3.国家能源局组织开展生物柴油推广应用试点示范

2023 年 11 月，国家能源局发布《关于组织开展生物柴油推广应用试点示范的通知》（国能发科技〔2023〕80 号）。通过组织开展生物柴油推广应

用试点示范，拓展国内应用场景，探索建立可复制、可推广的政策体系、发展路径，逐步形成示范效应和规模效应，为继续扩大绿色液体燃料推广应用积累经验。车用生物柴油在区域、行业、企业和高速公路等领域推广应用，船用生物柴油在保税区、自贸区、河流湖泊航道等领域推广应用。生物柴油试点示范将产生积极的影响，有助于加快其推广应用。

4.产业结构调整鼓励非粮生物质燃料

2023 年 12 月，国家发展改革委发布《产业结构调整指导目录（2024年本）》，鼓励生物质纤维素乙醇、生物燃油（柴油、汽油、航煤）等非粮生物质燃料生产技术开发与应用。政策对非粮生物质燃料的研发和生产都将产生积极的影响。

5.民航局加紧制定行业标准

2023 年 7 月，民航局航空器适航审定司发布行业标准《航空替代燃料可持续性要求（征求意见稿）》，将出台国际通用要求并符合中国国情的航空替代燃料可持续性的标准，逐步推进国内航空替代燃料行业的发展。政策将加快生物航煤的推广应用，促进生物航煤产业的快速发展。

四、2024 年市场发展研判与未来五年展望

2024 年，我国生物液体燃料产量和消费量预测将达到 478 万吨标准油和 298 万吨标准油，同比分别增长 5.5%和 8.7%。

1.生物航煤和生物柴油是主要方向

随着国家"双碳"战略的推进和欧盟"碳关税"的实施，燃料乙醇由于粮食安全等问题，行业规模基本保持现状；生物航煤和生物柴油将是生物液体燃料的发展重点，会有更多的研究单位、生产企业和投资机构涉足该领域。处于产业起步阶段的生物航煤规模可能会快速增加。

2.部分柴油项目可能转产生物航煤

由于欧盟对国内生物柴油发起反倾销调查，生物柴油出路受限，出口渠道的产品可能转为国内生物燃料油，部分烃基生物柴油（HVO）项目有可能转产生物航煤。

预计未来五年，国内生物液体燃料消费年均增长 7.6%。到 2028 年，我国生物液体燃料消费量将达到 395 万吨标准油。其中，燃料乙醇产能维持在 609 万吨/年，消费量增至 233 万吨标准油，年均增速约 2.2%；生物柴油（含生物航煤）产能将增加到 450 万吨/年，消费量增至 162 万吨标准油，年均增速约 20%。

第六节　专题分析

一、新能源大基地发展

国家能源局《2023 年能源工作指导意见》着重规划了建设大基地的实施进程，提出要推动第一批以沙漠、戈壁、荒漠地区为重点的大基地项目并网投产，建设第二批、第三批项目。近三年，国家先后批复了三批大基地项目，其中 2021 年 11 月发布第一批大基地项目中风光装机 9705 万千瓦，2022 年 7 月发布第二批和 2023 年 4 月印发的第三批大基地项目清单中风光装机均超过 4000 万千瓦。根据国家能源局发布的数据，截至 2023 年 11 月底，第一批大基地项目已建成并网 4516 万千瓦，第二批、第三批已核准超过 5000 万千瓦，正在陆续开工建设。随着山西晋北采煤沉陷区新能源基地、内蒙古乌兰布和沙漠东北部新能源基地、新疆天山北麓戈壁新能源基地等大基地的立项实施，以及库布其沙漠鄂尔多斯中北部新能源基地项目先导

工程等并网发电，有效推动了我国可再生能源的规模化发展。

1.新形势下新能源大基地开发建设面临系列新挑战

规模化的新能源大基地建设正在支撑我国新能源装机快速增长，成为我国能源低碳转型的关键抓手，同时也面临安全运行、高水平消纳、市场竞争力等一系列新的挑战。

新能源大基地安全稳定运行难度大。大基地项目以风光发电为主体，发电功率易受局部天气影响，呈现出"极热无风、极寒无光"等特征，且所处的"沙戈荒"地区电源结构薄弱，易受系统扰动影响，安全稳定运行难度大。为配合风光发电出力波动性、间歇性的特点，实施煤电灵活性改造或配置新增煤电、抽蓄、新型储能等作为支撑调节电源，基于一体化运行的系统规划设计难度较高。为了保障电网安全稳定运行、电力保供和新能源消纳要求，需要在大基地的规划阶段进行详细的资源评估及电源电网统筹布局，在方案论证阶段开展不同电源类型和规模的优化配置，在运行阶段实施"源网荷储"稳定控制与优化调度，做好大基地项目规划、建设和运行等各环节的有序衔接。

新能源大基地跨省跨区送出和消纳困难。新能源大基地所在的"沙戈荒"及周边地区用电负荷小，本地消纳难度大，目前通过直流特高压线路进行电力外送成为解决电力资源与负荷中心区域不平衡的主要路径。风光项目建设周期短、投产快，而配套的支撑电源、输电通道和送受端网架完善等工程受多重因素影响，规划建设周期长，出现风光项目、支撑电源、输电通道建设周期不协调的问题。为推进国家已规划的新能源大基地的顺利开工建设和按期投运，相关跨省跨区输电通道规划论证和建设亟待提速。

新能源大基地面临市场竞争力不足的风险。"沙戈荒"地区环境条件恶劣，天气复杂多变，风光、支撑电源、电网及配套项目建设施工难度大，对组件和电气设备防风防腐等环境适宜性要求高,机组运维费用增加,整体投资增加。受端省份新能源同样大规模发展,送受两端协调难度大,大基地综合上网电价叠加输配电价后的落地电价竞争力面临挑战。

2.多措并举促进新能源大基地高质量开发建设

为推动新能源大基地高质量开发建设,需要从消纳方式、发展模式、提高项目经济性等多方面推进。

新能源大基地外送和本地消纳并举。科学研判负荷中心用电趋势,结合大型风光电基地开发消纳需要,加快推进跨省跨区输电通道规划建设,优化调整部分存量通道电力流,提高存量通道新能源电量占比,推动在建待建风光发电项目尽快并网,提高特高压通道利用效率,持续提高大基地外送规模。挖掘本地潜在用电大户实施电能替代,提高电气化水平,扩大新能源消纳空间,同时优化产业布局,鼓励新兴产业投资新增用电负荷,提升新能源就地消纳水平。

创新发展模式提高新能源综合利用效率。外送型大基地,充分依托"沙戈荒"周边地区现有煤炭、天然气资源和管道等基础设施优势,探索"风光气(煤)储氢一体化"多能互补模式,发挥灵活性电源的调节能力。本地消纳型大基地,积极探索市场化项目应用场景开发模式,依托零碳、低碳工业园区,开展源网荷储一体化、离网制氢、100%自消纳等类型的项目,通过向下游延伸新能源产业链,推动绿电就地转化利用,推动新能源大规模开发和高水平消纳。

多端发力提高大基地项目经济性。完善电网调峰储能设施布局,发展日、月、季等大规模、长时储能技术,优化储能配置规模,提高储能设备利用效率,优化项目投资。做好送端和受端的匹配,增加新能源上网电量,

提升通道送电能力，提高通道经济性，增强大基地项目落地电价在受端省份的市场竞争力。完善电力市场机制，扩大跨省跨区绿电和绿证交易，提高新能源大基地外送清洁电力的环境价值。

二、国际碳资产与碳交易

截至 2023 年底，全球共有 29 个碳交易体系正在运行，印度尼西亚碳市场处于试运行阶段，另有 20 余个碳交易体系处于计划实施或考虑筹备阶段。2023 年，全球碳市场交易总量约 125 亿吨，主要覆盖行业包括电力、工业、建筑、交通等。其中，欧盟、北美、英国碳市场是全球规模最大的三个碳交易体系，其碳市场交易额在全球交易总额（8811.6 亿欧元）的占比分别为 87%、8%、4%，而中国碳市场交易额总计 22.6 亿欧元，仅占比 2.6‰。

1.大部分碳市场碳价呈下跌态势

2023 年，在全球经济增长疲软、政治挑战加剧、天然气价格震荡回落、政策导向不明确、可再生能源快速发展的背景下，大多数碳市场的价格在经历了 2022 年的强劲增长后普遍下跌，但中国和北美碳市场却呈现出增长态势。值得注意的是，欧盟碳市场碳价仍远领先于其他碳市场，2023 年初呈现强劲上涨态势，碳价在 2 月突破了 100 欧元/吨大关，但由于经济疲软导致化石燃料需求下降、2024 年欧盟大选带来的政策不稳定性、低气价及暖冬带来的天然气危机缓和、可再生能源快速发展带来的能源转型等因素影响，2023 年 2 月后出现下跌，12 月降至 66 欧元/吨的年度最低点（图 6-6-1）。

图 6-6-1　2023 年至今欧盟碳市场交易情况

2.各国碳关税政策陆续出台推动了国际碳市场的衔接

2023 年 5 月，欧盟正式发布了碳边境调节机制（简称 CBAM）法案，2023 年 10 月 1 日至 2025 年 12 月 31 日为该政策的过渡阶段，自 2026 年起正式实施。该政策的核心是对特定进口商品征收与其生产过程中产生的碳排放相对应的费用，初期主要涉及钢铁、水泥、铝、化肥、电力、氢行业六大高耗能、高排放产业。该政策旨在保障欧盟境内企业的公平竞争环境，防止碳泄漏现象。受此影响，英国、美国、加拿大等部分发达国家也加快探索本国"碳关税"机制，美国于 2022 年 6 月提出《清洁竞争法（CCA）》草案，计划从 2024 年起开始征收；英国于 2023 年 12 月正式宣布将从 2027 年起实施英国 CBAM 机制并采用欧盟的类似措施；加拿大于 2021 年启动了关于碳边境调节机制的探索并广泛征求意见。随着各国碳关税政策的相继出台和实施，碳强度和碳价差异的相关规制正在逐渐塑造起国际碳市场的对接和融合。

3.信用碳市场发展面临较大挑战

2023 年，由于主要标准制定组织（如 Verra）高估签发项目减排效果而受到质疑、买方夸大其购买碳信用带来的减排贡献、标准规则等制度的不统一导致"重复计算"、COP28 未就《巴黎协定》第 6 条达成决定而导致市场发展不确定性增加，各种因素叠加导致对碳信用资产的需求大幅下滑。针对上述问题，信用碳市场出台了系列政策来减轻不利影响。供给侧方面，自愿碳市场诚信理事会（ICVCM）公布了"核心碳原则"（CCP），旨在提升自愿碳信用市场诚信度的框架，通过对项目设计、监测、核查、审计、公开披露和治理等方面提出严格要求，确保市场上的碳信用具备高质量；需求侧方面，自愿碳市场诚信倡议（简称 VCMI）发布了声明实践准则，帮助企业准确评估和公开其碳抵消声明的可靠性。

4.预计未来国际碳市场发展将出现三大趋势

一是未来碳市场数量将持续增加。 随着各国政府对气候变化问题认识的加深，以及《巴黎协定》等国际协议所设定的减排目标日益紧迫，越来越多的国家和地区开始采取碳定价机制，自欧盟碳市场成立至 2023 年，全球实际运行的碳交易体系增加到 29 个，目前还有 20 个司法管辖区正在建设或考虑建设碳市场。

二是碳市场覆盖行业范围正在持续扩大。 欧盟已明确将航运业纳入碳市场，管控 5000 总吨以上用于商业目的的客船和货船，并为道路运输和建筑材料创建单独的新 ETS Ⅱ。

三是全球各碳市场会进一步加深合作。 各国际组织、政府积极推进全球碳市场的衔接。一方面，《巴黎协定》第四款提出"可持续发展机制"，将减排量的流通由单向（从发展中国家到发达国家）扩展为多项（所有国家均可互相交易减排量），旨在帮助各国更好地完成其自主贡献目标。第六款倡导国际碳减排合作，为建立一个全新的全球气候框架、推动各国之间通过市场机制的国际合作达成更有雄心的减排创造了可能。另一方面，虽然欧盟碳边境调节机制法案出台的初衷是避免碳泄漏，但其在产品碳强度和碳价差等方面的相关规定也在推动着国际碳交易和碳市场的衔接。

三、中国碳资产与碳交易

近年来，国家陆续出台了系列"双碳"政策，仅 2023 年就发布 10 余条碳市场相关重点政策。例如，生态环境部发布《2021、2022 年度全国碳排放权交易配额总量设定与分配实施方案（发电行业）》及《关于全国碳排放权交易市场 2021、2022 年度碳排放配额清缴相关工作的通知》，规定了全国性碳市场发电行业 2021 年度、2022 年度配额核算与分配方法及配额清缴相关内容；生态环境部、市场监管总局联合印发了《温室气体自愿减排交易管理办法（试行）》，生态环境部发布 4 项温室气体自愿减排项目方法学，对自愿减排项目登记、结算等规则进行了规定。随着系列政策发布，全国碳市场的制度框架不断完善，制度的合理性、可操作性显著提升，碳市场建设更加规范。

1.全国碳交易价格显著提升

2023 年我国碳价稳步提升。2023 年每日收盘价在 50.52～81.67 元/吨之间，12 月底收盘价 79.42 元/吨，较 2022 年底收盘价上涨 44%。2023 年市场成交均价约 68 元/吨，较 2022 年成交均价上涨 23%。由于碳市场建立时间、经济发展水平、政策机制、市场覆盖范围、交易品种、汇率等的差异性，我国碳价离欧盟碳市场仍有 10 倍左右的差距。

2023 年区域性碳市场碳价整体呈现上涨趋势。北京碳市场碳价最高，平均成交价格约 113 元/吨，同比增长 17%；其次是广东碳市场，碳价约 76 元/吨，基本与 2022 年碳价持平（图 6-6-2）。2023 年底，北京碳价已经超

过全国，广东碳价接近全国，但湖北、重庆、福建、天津等市场碳价与全国碳价有较大差距。

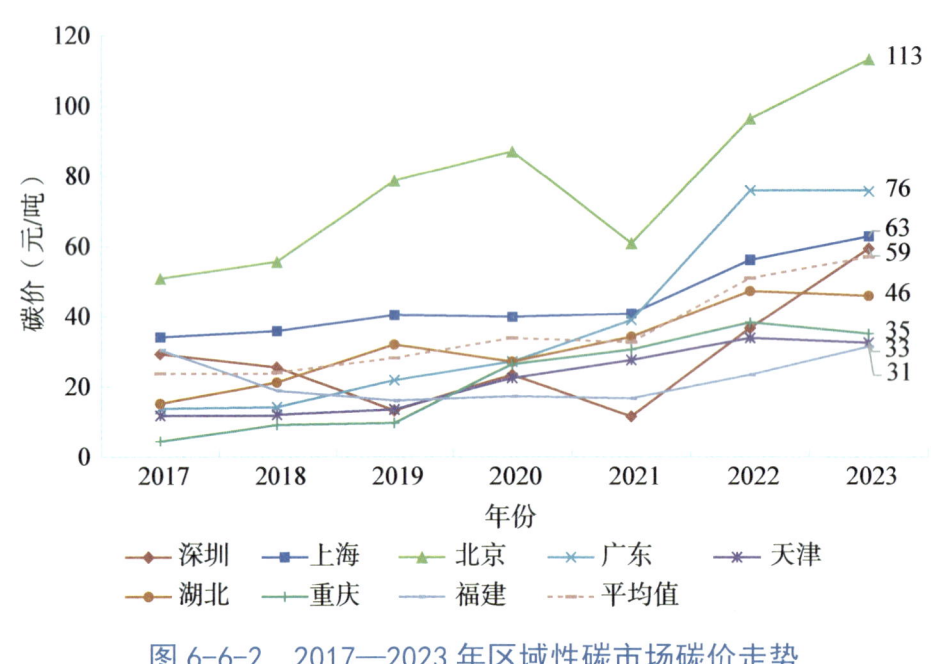

图 6-6-2　2017—2023 年区域性碳市场碳价走势

2.大部分区域性碳市场成交量降低

2023 年第一季度至第四季度配额成交量分别占全年总成交量的 2%、2%、25% 和 71%，可以看出，交易主要集中在第四季度，10 月成交量 0.93 亿吨，是全年最高交易量，呈现明显"潮汐"现象。除上海、天津、福建碳市场以外，其余碳市场成交量都出现不同程度的下降，平均下降幅度 38%。值得注意的是，福建碳市场 2023 年成交量实现了翻倍增长，较 2022 年增长 2.5 倍，达 2620 万吨，几乎等于其余碳市场 2023 年成交量之和。重庆碳市场成交量下降幅度最大，且年成交量在所有区域性碳市场中最低（图 6-6-3）。

图 6-6-3 2017—2023 年区域性碳市场成交量

3.CCER 正式重启后交易活跃度不断提高

2023 年 10 月，生态环境部联合市场监管总局联合发布《温室气体自愿减排交易管理办法（试行）》，标志着国家核证自愿减排量（CCER）正式重启。从交易量来看，截至 2023 年，上海碳市场成交量最大，累计成交量 1.76 亿吨，占比 38%；广东碳市场累计成交 0.73 亿吨，占比 16%；天津碳市场累计成交 0.68 亿吨，占比 15%；北京碳市场累计成交 0.49 亿吨，占比 11%。从交易价格来看，此前由于 CCER 存量较少，履约需求旺盛，CCER 受到供求及新政策的影响，价格频繁上涨。2023 年 12 月，全国性碳市场买入 CCER 的价格超过 60 元/吨。

4.预计未来我国碳市场发展将出现四大趋势

一是全球碳市场加深合作将对我国碳减排管控行业衔接性提出新要求，行业扩容是必然趋势，预计电解铝、水泥、钢铁三大行业或将先期纳入我国碳市场。

二是根据国际碳市场配额总量发展态势、我国实现减排目标的紧迫性及市场化交易的趋势和发展方向，我国碳市场配额总量必然呈下降趋势且

拍卖配额的比例将不断提高。

三是未来我国碳价必然是上涨趋势，根据ICF国际咨询公司、路透社、碳阻迹、北京理工大学等机构预测结果及历史回溯检验，预计我国碳价2025年升至90元/吨以上，2030年升至130元/吨以上。

四是电力市场与碳市场之间存在极强的关联性，随着碳市场和绿电市场的发展成熟及配套机制的完善，未来电力市场与碳市场协同统筹发展是必然选择，减排量的互认性是碳电市场联动的支撑点。

附表

附表 1　世界一次能源消费

项目名称			一次能源消费量（亿吨油当量）				
			2019年	2020年	2021年	2022年	2023年（估计）
合计			140.3	135.3	142.7	144.3	146.7
种类	煤炭		37.4	36.3	38.3	38.6	39.7
	石油		46.0	41.8	44.2	45.5	45.5
	天然气		33.6	33.2	35.0	33.9	35.0
	非化石能源	水电	9.6	9.8	9.7	9.7	9.7
		核	6.1	5.8	6.1	5.8	5.9
		可再生能源	7.6	8.3	9.5	10.8	10.9
		小计	23.3	24.0	25.3	26.3	26.5
主要消费国	中国		34.1	34.9	36.8	37.9	39.7
	美国		22.9	21.2	22.3	22.9	22.5
	印度		8.0	7.6	8.2	8.7	9.4
	俄罗斯		7.2	6.9	7.5	6.9	7.2
	日本		4.4	4.1	4.3	4.3	4.3

附表 2　中国一次能源消费

项目名称	一次能源消费量（亿吨标准煤）					一次能源消费结构占比（%）				
	2019年	2020年	2021年	2022年	2023年（估计）	2019年	2020年	2021年	2022年	2023年（估计）
合计	48.8	49.8	52.6	54.1	57.2	100	100	100	100	100
煤炭	28.1	28.4	29.4	30.4	31.6	57.7	56.9	55.9	56.2	55.3
石油	9.3	9.4	9.8	9.7	10.5	19.0	18.8	18.6	17.7	18.3
天然气	3.9	4.2	4.6	4.5	4.9	8.0	8.4	8.8	8.5	8.7
非化石能源	7.5	7.9	8.8	9.5	10.1	15.3	15.9	16.7	17.6	17.7

附表 3 国际原油市场

项目名称		2019 年	2020 年	2021 年	2022 年	2023 年（估计）
总量（亿桶/日）		99.0	93.4	95.1	100.3	102.3
供应（亿桶/日）	OPEC 国家	29.3	25.7	26.3	28.9	28.2
	非 OPEC 国家	69.7	67.8	68.8	71.4	74.1
消费（亿桶/日）	中国	14.3	14.4	14.9	14.7	16.4
	美国	19.4	17.2	18.8	19.1	19.0
	印度	5.1	4.7	4.8	5.2	5.5
	欧洲	14.9	13.0	13.6	14.3	14.2
价格（美元/桶）	布伦特原油现货价格	64.2	43.3	70.8	99.0	82.3
	WTI 原油现货价格	57.0	39.3	68.1	94.6	77.6
	迪拜原油现货价格	63.7	42.4	68.9	95.5	81.9

附表 4 中国原油市场

项目名称		2019 年	2020 年	2021 年	2022 年	2023 年（估计）
总量（万吨）		69673	73731	71196	71295	77290
供应	国产原油（万吨）	19101	19492	19898	20467	20891
	进口原油（万吨）	50572	54239	51298	50828	56399
消费	成品油产量（万吨）	39480	37165	37586	36324	40984
	成品油/原油（%）	57	50	53	51	53
价格	进口原油价格（元/桶）	477.18	325.08	501.64	719.12	598.4
	上海原油交易价格（元/桶）	450.3	301.1	436.6	649.3	580.7

附表 5　中国成品油市场

项目名称			2019 年	2020 年	2021 年	2022 年	2023 年（估计）
国内消费总量（万吨）			33765	32310	33787	32566	36565
汽油	供应（万吨）	总产量	16318	15671	16651	15163	16702
		进口量	33	48	36	2	0
	需求（万吨）	国内消费量	14344	14175	15175	13830	15507
		出口量	1637	1600	1454	1256	1229
	价格（元/吨）	新加坡市场	4071	2638	4292	6342	5663
		国内出厂价格	8150	6871	8229	10156	9544
柴油	供应（万吨）	总产量	18070	17800	17166	18178	19101
		进口量	119	80	0	0	0
	需求（万吨）	国内消费量	15751	15581	15909	16912	17487
		出口量	2138	1976	1720	1094	1378
	价格（元/吨）	新加坡市场	3992	2507	3658	6646	5495
		国内出厂价格	6696	5540	6772	8521	7967
航空煤油	供应（万吨）	总产量	5092	3694	3769	2983	4964
		进口量	366	266	157	114	48
	需求（万吨）	国内消费量	3670	2555	2703	1825	3476
		出口量	1761	998	858	1095	1593
	价格（元/吨）	新加坡市场	4155	2419	3759	6670	5744
		国内出厂价格	4908	3032	4299	7487	6725

附表6 中国乙烯产品市场

项目名称			2019年	2020年	2021年	2022年	2023年
乙烯	供应	产能（万吨/年）	2838	3484	4319	4773	5146
		产量（万吨）	2400	2744	3654	4044	4512
	当量消费量（万吨）		5254	5943	5930	6072	6491
聚乙烯	供应	产能（万吨/年）	1966	2346	2836	2981	3271
		产量（万吨）	1765	2002	2329	2532	2797
		进口量（万吨）	1666	1853	1459	1347	1344
	需求	国内消费量（万吨）	3404	3830	3737	3807	4057
		出口量（万吨）	28	25	51	72	84
	价格（元/吨）		8399	7652	9044	8984	8361
环氧乙烷	供应	产能（万吨/年）	493	568	653	751	886
		产量（万吨）	387	402	435	478	501
		进口量（万吨）	0	0	0	0	0
	需求	国内消费量（万吨）	387	402	435	477	501
		出口量（万吨）	0	0	0	0	0
	价格（元/吨）		7746	7140	7770	7353	6518
乙二醇	供应	产能（万吨/年）	1103	1568	2041	2509	2879
		产量（万吨）	807	884	1188	1331	1638
		进口量（万吨）	995	1055	843	751	715
	需求	国内消费量（万吨）	1801	1933	2019	2078	2343
		出口量（万吨）	1	6	12	4	10
	价格（元/吨）		4746	3829	5243	4538	4077
乙丙橡胶	供应	产能（万吨/年）	47	47	40	40	40
		产量（万吨）	22	20	29	30	29
		进口量（万吨）	23	19	17	15	15
	需求	国内消费量（万吨）	44	38	43	43	41
		出口量（万吨）	1	1	3	3	3
	价格（元/吨）		15712	14526	25321	25376	21912

附表 7 中国丙烯产品市场

项目名称			2019 年	2020 年	2021 年	2022 年	2023 年
丙烯	供应	产能（万吨/年）	4061	4501	5094	5668	6379
		产量（万吨）	3288	3704	4150	4334	4752
	当量消费量（万吨）		4325	4805	4838	4940	5281
聚丙烯	供应	产能（万吨/年）	2502	2882	3216	3496	3931
		产量（万吨）	2240	2584	2928	2965	3189
		进口量（万吨）	522	656	480	451	412
	需求	国内消费量（万吨）	2722	3197	3269	3289	3510
		出口量（万吨）	41	42	139	127	131
	价格（元/吨）		8560	7856	8790	8375	7610
ABS	供应	产能（万吨/年）	410	421	476	506	778
		产量（万吨）	377	393	412	443	587
		进口量（万吨）	204	202	176	137	108
	需求	国内消费量（万吨）	578	590	579	572	685
		出口量（万吨）	4	5	8	8	14
	价格（元/吨）		12314	12840	17182	12703	10417
聚碳酸酯	供应	产能（万吨/年）	166	185	247	320	349
		产量（万吨）	100	110	130	178	247
		进口量（万吨）	160	163	150	139	104
	需求	国内消费量（万吨）	234	248	246	288	323
		出口量（万吨）	26	25	34	29	36
	价格（元/吨）		14955	14483	24631	18215	14201

续表

项目名称			2019年	2020年	2021年	2022年	2023年
环氧丙烷	供应	产能（万吨/年）	332	327	405	490	659
		产量（万吨）	284	290	360	391	430
		进口量（万吨）	47	47	43	30	35
	需求	国内消费量（万吨）	331	337	403	420	475
		出口量（万吨）	0	0	0	1	0
	价格（元/吨）		9811	11958	16547	10171	9483
丁醇	供应	产能（万吨/年）	272	272	276	276	319
		产量（万吨）	203	189	221	215	233
		进口量（万吨）	22	27	13	16	19
	需求	国内消费量（万吨）	224	216	231	228	253
		出口量（万吨）	0	0	3	2	0
	价格（元/吨）		6689	6325	12468	8837	8119
辛醇	供应	产能（万吨/年）	235	235	235	235	250
		产量（万吨）	216	210	239	247	248
		进口量（万吨）	20	27	23	15	31
	需求	国内消费量（万吨）	234	236	259	255	274
		出口量（万吨）	2	1	3	7	3
	价格（元/吨）		7547	7404	14259	10724	10518
丙烯酸	供应	产能（万吨/年）	324	324	342	390	408
		产量（万吨）	203	211	220	247	249
		进口量（万吨）	5	6	4	4	4
	需求	国内消费量（万吨）	198	210	212	238	246
		出口量（万吨）	11	7	11	13	12
	价格（元/吨）		7515	6963	11853	10379	6347

附表 8 中国丁二烯产品市场

项目名称			2019 年	2020 年	2021 年	2022 年	2023 年
丁二烯	供应	产能（万吨/年）	411	492	545	585	619
		产量（万吨）	290	326	390	422	460
	当量消费量（万吨）		401	459	467	476	540
顺丁橡胶	供应	产能（万吨/年）	161	156	156	176	186
		产量（万吨）	98	111	103	118	126
		进口量（万吨）	20	28	19	20	26
	需求	国内消费量（万吨）	113	132	113	123	133
		出口量（万吨）	5	7	9	14	18
	价格（元/吨）		11367	9212	13301	13093	11538
丁苯橡胶	供应	产能（万吨/年）	167	171	171	177	183
		产量（万吨）	102	114	117	122	129
		进口量（万吨）	38	39	36	31	37
	需求	国内消费量（万吨）	137	148	146	141	148
		出口量（万吨）	2	5	7	11	16
	价格（元/吨）		11226	9615	13393	12035	11532
SBS	供应	产能（万吨/年）	142	146	162	159	171
		产量（万吨）	84	98	95	88	91
		进口量（万吨）	3	5	4	3	7
	需求	国内消费量（万吨）	83	101	96	83	90
		出口量（万吨）	3	2	3	7	8
	价格（元/吨）		13965	10976	12123	13417	12333
丁腈橡胶	供应	产能（万吨/年）	24	24	24	28	28
		产量（万吨）	17	21	20	24	24
		进口量（万吨）	8	10	9	8	8
	需求	国内消费量（万吨）	25	29	28	29	30
		出口量（万吨）	1	1	1	2	3
	价格（元/吨）		17768	14682	21571	19102	14889

附表 9 中国芳烃产品市场

项目名称			2019 年	2020 年	2021 年	2022 年	2023 年
芳烃	供应	产能（万吨/年）	4685	5428	6361	7267	8636
		产量（万吨）	3422	4718	4378	5386	6704
	当量消费量（万吨）		5425	6184	6635	6826	7994
纯苯	供应	产能（万吨/年）	1489	1670	1853	2014	2230
		产量（万吨）	1088	1260	1002	1554	1895
		进口量（万吨）	194	210	296	332	336
	需求	国内消费量（万吨）	1278	1470	1747	1886	2228
		出口量（万吨）	4	0	1	1	3
	价格（元/吨）		5075	3962	7138	8117	7266
苯乙烯	供应	产能（万吨/年）	942	1204	1471	1759	2142
		产量（万吨）	864	1002	1216	1357	1559
		进口量（万吨）	324	283	169	114	79
	需求	国内消费量（万吨）	1183	1283	1363	1415	1601
		出口量（万吨）	5	3	24	56	37
	价格（元/吨）		8251	3962	8903	9305	8431
PX	供应	产能（万吨/年）	2254	2554	3037	3494	4264
		产量（万吨）	1470	2046	2160	2475	3250
		进口量（万吨）	1494	1386	1365	1058	911
	需求	国内消费量（万吨）	2964	3432	3525	3525	4160
		出口量（万吨）	0	0	0	9	1
	价格（元/吨）		900	578	860	1104	1042

附表10 中国化工新材料产品市场

项目名称			2019年	2020年	2021年	2022年	2023年（估计）
mPE	供应	产能（万吨/年）			215	175	217
		产量（万吨）	14	23	24	40	45
		进口量（万吨）	173	202	199	210	215
	需求	国内消费量（万吨）	187	225	223	250	260
		出口量（万吨）	0	0	0	0	0
	价格（元/吨）		9613	8619	10276	10777	9087
EVA	供应	产能（万吨/年）	97	97	177	215	245
		产量（万吨）	73	76	114	177	203
		进口量（万吨）	110	118	112	120	133
	需求	国内消费量（万吨）	177	188	218	285	315
		出口量（万吨）	6	5	7	12	21
	价格（元/吨）		12678	11277	19846	22692	14506
POM	供应	产能（万吨/年）	41	45	45	45	55
		产量（万吨）	35	37	41	43	44
		进口量（万吨）	32	31	35	33	34
	需求	国内消费量（万吨）	65	66	73	73	74
		出口量（万吨）	3	2	3	4	3
	价格（元/吨）		13843	13190	19468	22930	15107

附表 11 中国天然气市场

项目名称		2019 年	2020 年	2021 年	2022 年	2023 年
市场规模（亿立方米）		3067	3238	3726	3663	3945
供应（亿立方米）	国产气	1777	1926	2086	2226	2353
	进口气	1322	1363	1691	1485	1639
消费（亿立方米）	城市燃气	1025	1090	1181	1198	1315
	工业燃料	1237	1328	1578	1533	1648
	天然气发电	493	525	670	640	685
	天然气化工	312	295	297	292	297
价格	管道气进口平均价格（元/米^3）	1.79	1.46	1.28	1.89	2.03
	进口 LNG 到岸价格（元/米^3）	2.38	1.75	2.62	3.99	3.21
	国内液化工厂挂牌价（元/吨）	3746	2851	4781	6279	4408
	LNG 接收站挂牌价（元/吨）	4368	3905	5490	8036	5915
	上海交易价格（元/米^3）	2.78	2.24	3.00	4.41	3.08
	重庆交易价格（元/米^3）	2.07	1.65	2.38	3.44	2.58
	东北亚 LNG 现货到岸价（美元/百万英热单位)	5.97	3.83	15.03	34.25	16.13

附表 12　中国新能源市场

项目名称		2019 年	2020 年	2021 年	2022 年	2023 年
光伏发电	新增装机容量（吉瓦）	30.1	48.2	54.9	87.4	216.9
	总装机容量（吉瓦）	204.3	253	306.6	392.6	609.5
	发电量（亿千瓦时）	2243	2611	3259	4276	5583
风力发电	新增装机容量（万千瓦）	2579	7148	4695	3696	7590
	总装机容量（万千瓦）	21005	28153	32848	36544	44134
	发电量（亿千瓦时）	4053	4665	6526	7627	8090
新型储能	新增装机功率（吉瓦）	1.4	1.7	2.4	7.3	21.5
	新增装机容量（吉瓦时）			4.9	15.9	46.6
	总装机功率（吉瓦）	1.7	3.4	5.8	13.1	34.5
	总装机容量（吉瓦时）				27.1	74.5
氢能	产能（万吨/年）		4100	4824	4882	4931
	产量（万吨）		3342	3467	3533	3558
	消费量（万吨）		3342	3467	3533	3558
燃料乙醇	产能（万吨/年）	415	519	609	609	609
	产量（万吨）	231	204	183	204	209
	消费量（万吨）	232	206	213	204	209
生物柴油	产能（万吨/年）	236	235	280	288	296
	产量（万吨）	70	110	137	180	243
	消费量（万吨）	88	40	44	57	65

注：表中 2023 年氢能产能、产量及消费量为预测值。